イスラム民と
ニッポン國

──国家とは何か

三宅善信 著

はじめに

二〇一九年という年は、何十年か後になって振り返ってみると、一八六八年の明治維新や一九四五年の大東亜戦争の敗戦に匹敵するような日本の国体を激変させるエポックメイキングな年になっているかもしれない。現在の皇室の直系の先祖である第一一九代光格天皇——閑院宮家から皇位に就いた光格天皇は、先代の後桃園天皇とは七親等も離れているが、それ以後の天皇は、今上陛下に至るまで直系相続している——以来、二〇二年ぶりに実施された「譲位」は、確かに大きな出来事ではあるが、それ以上に、事実上の「移民解禁」政策に転換した今般の「入国管理法」の改正(悪)は、「戦後レジーム」の変更どころか、百五十年間にわたって築き上げてきた近代国民国家としての日本の「国柄」を激変させるものになりかねない。

そういう伏流水の湧出に呼応するように、「憲法改正」がようやく具体的な政治日程に登ってきた。「島国」であるが故に「国境」というものを意識したことがない日本人であるが、現に米国のトランプ大統領は、三千キロ以上もあるアメリカ・メキシコ国境に大真面目に「壁」を造ろうとしている。まさに、「万里の長城」的発想である。日本は、世界有数の長い歴史を有する国家であるにもかかわらず、その歴史上のほとんどの期間で、為政者から庶民に至るまで、「国家」というものをほとんど意識することのなかった世界でも稀有な人々によって維持されてきた国家である。そこで、本書では、この問題の本質について考えるために、およそ日本の歴史や国体とはなんの縁もなさそうな、ほんの三年間ほどだけ中東の紛争地域であるイラクとシリアの辺りにパッと咲いて、パッと散っていったかに見える「イスラム国」という徒花《あだばな》のような国家を取り上げて、「国家とは何か」について考察してみようと思う。

二〇一四年の後半から急激に日本のメディアでも頻出するようになった「イスラム国」という現象は、日本では表面的なその残虐性ばかりが強調されて、メディアはおろか政府関係者にいたるまで、その本質について理解している者はほとんどいないといっても過言ではない。そのひとつの例が、彼らのことを「国家」とは認めず、単なる「過激派集団」として認識しようとする態度であり、国会での答弁やテレビニュース等でも、「過激派集団〝自称〟イスラム国」なる奇妙な表現までなされるようになった。その後、多くの日本人は、「イスラム国」の「カリフ（元首）」であるバグダーディー（西側だけでなく、湾岸諸国の指導者たちも、彼のことを一テロリストだと認識している）が実効支配するシリアとイラクに跨がった拠点地域が、米露その他の列強から攻撃されて軍事的にほぼ壊滅したことで、「イスラム国は消滅した」と思っている。というか、そもそもはじめから、かの国のことを「国家」だとは思っていない。

しかし、いくら「いわゆる差別的表現」だけを別の言葉に言い換えても、実際の差別がこの世からなくならないのと同様、彼らが自ら「イスラム国」と名乗っている「国家」のことを、いくら「いわゆるイスラム国」とか「ＩＳ」とかと言い換えても、「イスラム国」という現象を生み出した背景が解消しないどころか、かえって「ことの本質」を見失ってしまう。そこで、本書では、まず「イスラム国」という現象を先入観なしで分析することから始めたい。何故なら、そのことが、実は、われわれ日本人が長年無意識下で暮らしてきた「日本」という世界史上、稀有な国家の本質を知る上にも、とても有意義な示唆を与えると考えるからである。

本書では、古代のペルシャ帝国、中世のモンゴル帝国、近代のソビエト連邦をはじめ、古今東西の諸国家や諸民族の興亡を取り上げ、「領土」、「国民」、「統治機構」、「国語」、「国教」など、「国家」を成立せしめる要件について、四方を海という天然の障壁に守られて安穏と暮らしてきたが故に、二千年の長きにわたって日本人が深く考えてこなかった問題についてよく考える機会を提供したい。憲法改正や移民受け入れなど国民世論を二分する課題に対して、個々人の主義主張の違いを超えて、これらの問題についてまともに議論するための最低限必要なプラットフォームとして本書が皆様のお役に立つことができれば幸いである。

令和元年 中秋

三宅 善信

目次

イスラム国とニッポン国
——国家とは何か

第2章　古代と中世の日本人にとっての「クニ」

第3章　「クニ」の三様態：領土・統治機構・国民

第4章　貨幣経済：中世から近代への転換

第5章　国民国家の統合原理としての宗教の復権

第6章　二十一世紀における国家論

第1章

イスラム国とは何か？

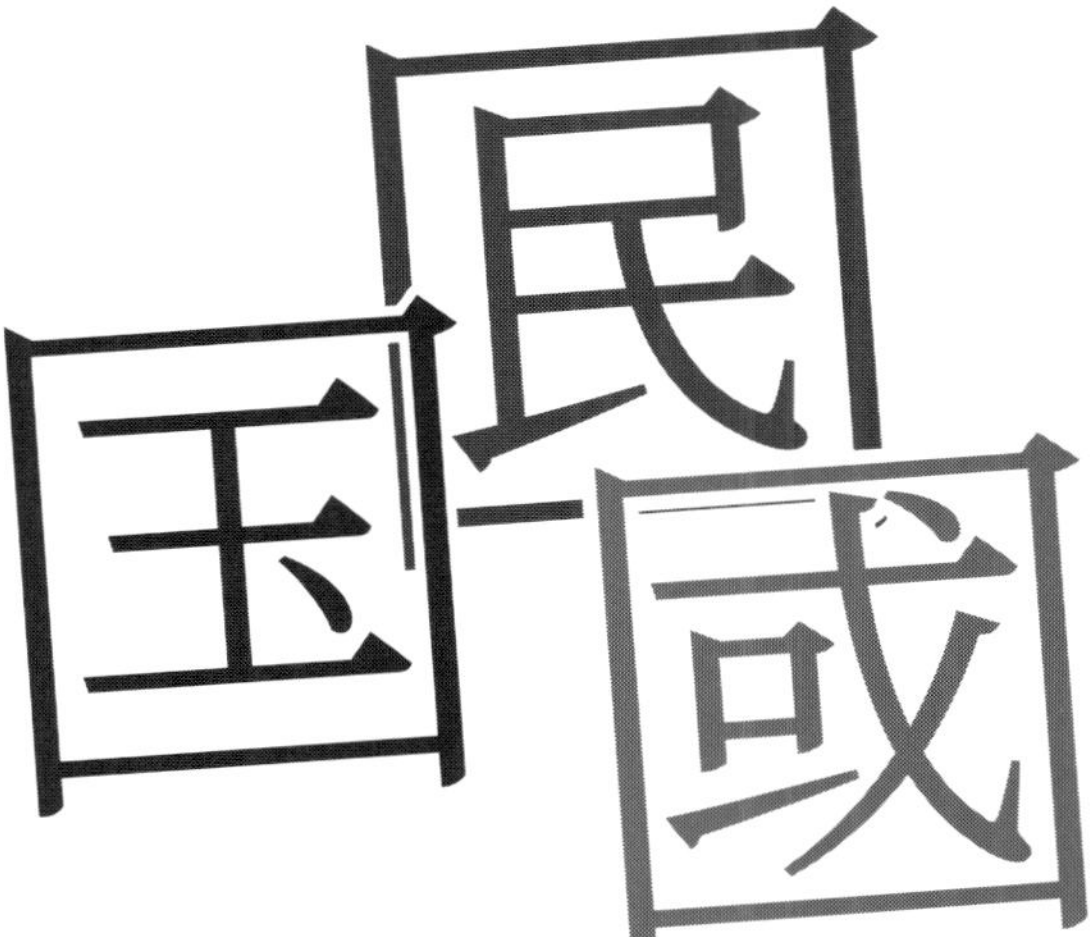

「イスラム国」は「国家」であるか？

「イスラム国」が国家であるかどうかについて考える前に、そもそも「国家」とはなんであるかについて考えなければならない。「国家」についての最初のまとまった論理的考察は、約二千四百年前のギリシャの哲学者プラントンによる十巻に及ぶ大著『国家（Πολιτεία）』であることに異論を挟む者はいないであろう。しかし、いかにプラントンが偉大な哲人であったとしても、彼にとっての「国家」とは、彼が生まれ育ったギリシャのポリス（都市国家）アテナイの存在を前提にしたものであったということは、その著作名からして明白である。より一般的に「国家」について規定してみても、『広辞苑』（第五版）によると、国家とは「一定の領土とその住民を治める排他的な権力組織と統治権をもつ政治社会」と規定されているだけである。

しかし、「（国境線で囲まれた）一定の領土」とはいっても、その面積の大小や人口の多寡が「国家」の必須要件ではないことは、私が生きている間に存在し、かつ、私が実際に訪れ、国家元首に出会ったことがある「国家」だけに限っても、一国だけで地球の全陸地の十五パーセントを占めたソビエト連邦も、また、東京ディズニーランドよりも狭いバチカン市国も、どちらも「ひとつの独立国」として世界中に認知されていたことからしても明らかである。また、日本のように悠久の歴史を有する国も、あるいは、南スーダンのように独立したばかりの国も存在するので、その歴史の長短も「国家」の要件でないことは明白である。

世界には、東ウクライナ地域（ロシア系）、中国の新疆ウイグル自治区（東トルキスタン系）といったように、「独立」を目指して流血の惨事が繰り返されている地域もあれば、スコットランドのように住民投票という民主的手段によって連合王国（英国）から「協議離婚」しようと図っている地域もある。また、パレスチナのように、長年イスラエルとその地域の支配権の正当性を争っている地域もある。あるいは、第二次世界大戦中、ナチスに占領されたパリを捨てて英国内に拠点を置いていたフランス共和国臨時政府や、中国共産党政権に追われてインド国内に拠点を置いているチベット亡命政府という「国家」の存在もわれわれは知っている。また、第二次大戦後の中国大陸のように、国民党政権と共産党政権という二つの政権が同時並行的に存在していた地域もある。

だとすると、実際に「領土」を実効支配していることも「国家」にとっての必須の要件とは言い切れない。私は、「国家」にとって必要なのは、むしろ「統治しようという意志」であると思っている。たとえ、実効支配した地域の人民から「税金」という名目で金品を巻き上げたり、「兵役」という名目で人民を強制徴用したとしても、それが単なる「収奪」であれば、その集団を「国家」とは呼べない。誰だって、銃を突きつけられたら、金品を差し出すであろう。でも、それは強盗と同じであくまで「収奪」である。収奪と搾取とは、似ているようで別物である。「搾取」という構造は、日本のブラック企業の例を示すまでもなく、たとえ不本意であっても人々がこれを受け入れている場合のことを指すのである。その構造を拒否しても殺される訳ではない。しかし、「収奪」の場合は、拒否すれば殺されるので、人民側に選択肢はない。

その意味では、一般には同じようなイスラム教原理主義集団のように捉えられているアルカイーダの場合は、都市インフラを破壊し、人民から金品を収奪するだけであるが、なんとイスラム国の場合は、徴税するだけでなく、その支配下となった地域の道路を舗装し、街に電力を供給するなどのインフラ整備を行い、各州に知事を派遣し、各省庁を立ち上げ、バアス党の残存官僚を用いて会計報告書まで作成させている。これらの行為は、まさに「国家として統治する意志」の表明以外の何者でもなく、非人道的な残虐行為の有無は、残念ながら国家としての必須要件とは何の関係もないことは、七十数年前のナチスの蛮行を見ても、また、現在進行形の北朝鮮や中国の自国民に対する残虐行為を見ても明らかである。

第五章で詳しく述べるが、バアス党とは、社会主義の影響を受けて一九四〇年にシリアで結成された汎アラブ主義の政治運動であり、実際に長期間政権を担ったシリアやイラクだけでなく、レバノン、ヨルダン、イエメンなどの国家で政党として存在した。もちろん、最も有名なのは、一九六八年から二〇〇三年まで三十一年間の長きにわたって政権を握ったサッダーム・フセイン大統領率いたイラク・バアス党である。どの国のバアス党も、かつて世界をリードしたアラブの栄光を取り戻すために社会の近代化を進めようという目的があったため、復古主義のイスラム原理主義勢力とは鋭く対立した。

同じような例は、日本の歴史にも散見される。奈良時代から律令国家体制を受け継いだ平安時代は約三百年間続いたが、実際には、そのちょうど折り返し地点である十一世紀中頃の「前九年の役」[※1]の頃には、各地に武装集団が台頭し、場合によっては彼らはかなりの広範囲にわたって実効支配を行っており、事実上、朝廷による律令国家体制は大いに綻《ほころ》んでいた。それらの極まったものが十二世紀中頃の平氏政権である。保元・平治の乱で実権を掌握し、武家として初めて太政大臣に昇った平清盛を首班に朝廷内の主要なポストの大半を清盛一門が占め「平氏にあらずんば人にあらず」とまで言わせしめた。しかし、人々はそれを「武家政権」とは呼ばない。何故なら、それは朝廷という既存の秩序体制の内部で、従来、藤原氏（北家）が占めていた地位に平氏が取って代わっただけであるからである。

ところが、その二十数年後に鎌倉で立ち上げられた源氏政権は、それまでは、あくまでも「私的な実効支配」勢力であった全国各地の武士に対して、これらの実効支配を法的に正当化させる

※1　陸奥国に土着して実効支配していた安倍氏が朝廷から半独立的な勢力を形成したため、陸奥守藤原登任がこれを咎めようとしたが敗れたので、朝廷から河内源氏の源頼義が一〇五一年に奥州へ派遣され、一〇六二年の安倍氏滅亡まで続いた内戦。後年の源氏の東国進出の基盤を築いた。

守護・地頭職を置いた点で決定的に異質である。それ故、私は「武家政権（近代における一般的用語としては「鎌倉幕府」）」が成立したのは、その首班である源頼朝が朝廷から征夷大将軍に任じられた一一九二年ではなく、各地に守護・地頭職を置いた一一八五年、あるいは、公式文書の保管施設である公文所（後の政所）を設置した一一八四年のことであると考えている。すなわち、「統治する意志」を内外に表明し、また、実際に「統治する能力」を示した者こそが政権であり、その支配するところこそが「国家」である。

世人は、鎌倉に幕府が成立した後も、京都には朝廷が存続していたと言うであろうが、たしかに、鎌倉幕府が成立して最初の三十年間ぐらいは、京都の朝廷と鎌倉の幕府という「二重政権」が並立していたが、朝廷と幕府との対立が決定的となった一二二一年の承久の乱では、朝廷方が完敗し、あろうことか、形式上は「天皇の臣下である征夷大将軍のそのまた臣下（陪臣）」に過ぎない執権北条義時によって、後鳥羽上皇、順徳上皇、土御門上皇が遠国へ配流され、仲恭天皇は廃位させられたことをもってしても、鎌倉幕府――この時点では北条得宗家――が日本を代表する政権（治天）であったことは言うまでもない。ただし、このことが、「国家としての日本」にとって死活問題となることは、その半世紀後の元寇襲来まで待たねばならないが、その件については、後ほど、項をあらためて論じたい。

とにかく、私が本書で述べたいことは、「イスラム国」は、その行いの善し悪しにかかわらず、れっきとした「国家」としての要件を備えた存在であり、その事実を無視して、希望的観測だけで彼らのことを「テロリスト集団」や「イスラム原理主義過激派集団」と認識するだけでは、ことの本質を見誤ることになる。そこで、本書では、「国家としてのイスラム国とは何者であるか」について、彼らの正体を明らかにし、翻《ひるが》って、国家の本質とは何か、さらに、日本とはいったい何者であるかについて考察を進めて行くことにする。

イスラム教とはどんな宗教か？

イスラム国について考察する前に、そもそも大多数の日本人にとっては、イスラム教（イスラーム）そのものに対する知識や関心がほとんどないということを確認しておかなければならない。イスラム教に対する日本人の平均的知識は、

① 「アッラー」という名前の唯一絶対神がいる。
② 「ムハンマド（マホメット）」という教祖がアラビアで開教した。
③ 「クルアーン（コーラン）」と呼ばれるアラビア語の聖典を戴いている。
④ 聖地「メッカ」の方角を向いて一日に何度もお祈りをしなければならない。

⑤　年に一度「ラマダン」と呼ばれる断食月がある。
⑥　自らの敵に対する攻撃を「ジハード（聖戦）」と称して正当化する怖い宗教である。

くらいがせいぜいであろう。もちろん、それらの知識は、中途半端そのものものであり、また、多くの誤解を含んでいる。

しかし、そのことに対する責任は日本人の側にだけではなく、イスラム教の側にもあることは言うまでもない。そのことは、イスラム教と並んで人類の二大宗教のひとつであるキリスト教に対する日本人の知識量と比べれば明白である。フランシスコ・ザビエル以来、四百数十年の長きにわたって、日本国内で熱心に布教活動を行ってきたにもかかわらず、一度たりとも日本の総人口の一パーセント以上の信者を獲得したことのないキリスト教であるにもかかわらず、日本国内には、幼稚園から大学院まで数多くの「ミッション系」と呼ばれる教育機関があるし、児童養護施設から養護老人ホームに至るまでの福祉事業、医療施設等々、キリスト教団体は数多くの社会事業を展開している。また数多くの出版事業や音楽コンサート等を実施して、たとえ信者はそれほど獲得はしていなかったとしても、キリスト教という宗教が日本国民に広く親しまれていることは、今日、日本人の結婚式の過半がキリスト教式で司式されることからも明らかである。

一方、イスラム教系の学校や福祉施設なんて聞いたこともない。つまり、イスラム教は、非信者である大多数の日本人の福祉の増大や文化の向上に対してなんら責任を負う意志がないと見なされても致し方ない。というか、彼らの態度は常に、「唯一神《アッラー》を戴くわれわれは絶対的に正しい。知りたければ、相手（日本人）のほうからわれわれ（イスラム教）に教えを請いに来るべきだ」と考えていると思われても仕方がない。だから、イスラム教に関する各種文献の日本語への翻訳も熱心でないのである。最近、かなり数が増えたモスクでの礼拝も、基本的にアラビア語で行われている。もちろん、個人的には、世界中に多くのイスラム教徒の友人がいるし、日本ムスリム協会の役員の方々がそれなりの努力をされていることはよく知っているが、それでも、日本におけるキリスト教側のそれと比較したら、イスラム教側の努力が如何に不足しているかは明らかである。

しかし、だからといって、われわれ日本人が世界の二大宗教のひとつであるイスラム教についてほとんど知らないというのでは、現実の世界で有益な経済活動もできなければ、国際社会で有利な政治交渉もままならないので、日本人もイスラム教についての最低限の知識は備えておかなければならない。そこで、まず、難しい教義的なことからではなく、判りやすい歴史的・地理的な面からイスラム教について紹介してゆくことにする。

後にイスラム教の「教祖」となるムハンマドは、アラビア半島の商業都市メッカ（マッカ）で勢力を誇っていたクライシュ族の名門ハーシム家に生まれ、長じては一族の者たちと同様商人をしていたが、西暦六一〇年、メッカ郊外の洞窟で瞑想に耽っているときに、突如、彼の眼前に大天使ジブリールが現れ、唯一神《アッラー》からの啓示を授けたとされる。その後も、次々とアッラーからの啓示がムハンマドへ下され、預言者[※2]としての自覚を持ったムハンマドは唯一神の啓示を身内の者から始まって、その教えを周囲の人々へと広めていった。

この一節から判ることは、ムハンマドが始めた宗教は、これまでに無かった「全く新しい宗教」ではないということである。大天使ジブリールは、イスラム教よりも六百年も前から存在していたキリスト教の聖典である『新約聖書』にも度々登場する大天使ガブリエルのことであり、ガブリエルはイエスの母となる乙女マリアに対して「アヴェ（おめでとう）マリア。汝は身籠もった。その子の名はインマヌエル（神、われと共にいます）と呼ばれる」と言ったとされる（いわゆる「受胎告知」）話は有名であり、多くの芸術家たちが繰り返し絵画のモチーフとしている。その大天使ガブリエルは、キリスト教よりもさらに千年以上歴史のあるユダヤ教の聖典（キリスト教側からの呼称では「旧約聖書」）にもしばしば登場する。また、ムハンマドが天啓を得た唯一神「アッラー」とは、日本語のイザナギとかスサノヲとかといった個々の神々の名前（固有名詞）ではなく、彼の母語であるアラ

※2　多くの日本人は「予言者」と「預言者」を混同しているが、前者は「未知の将来に起こるであろうことを予告する人」のことであり、後者は唯一神（ヤハウェやアッラー）からの啓示（メッセージ）を人々に伝える人のことであり、アブラハムやモーセやイエスやムハンマドのような人のことを指す。

ビア語では単に「神（The God）」という意味であり、先行するユダヤ教やキリスト教の「唯一神《ヤハウェ》」と同じ神である。したがって、イスラム教のテキスト『クルアーン』には、ムハンマドに先行する預言者として、ムーサー（モーセ）やイーサー（イエス）も登場する。

ムハンマドの布教活動は、はじめから順調に展開されたのではない。六一三年頃から、ムハンマドは公然と教えを説き始めるが、当時のアラビア人たちは多神教徒であったので、ムハンマドの集団（初期のイスラム教徒）に対して迫害が加えられた。身の危険を感じたムハンマドは六二二年にメッカを脱出し、ヤスリブ（後のメディーナ）へとその本拠地を移した。イスラム教徒はこの移転を「ヒジュラ（聖遷）」と呼び、六二二年（ユリウス暦）の七月十六日をもってイスラム（ヒジュラ）暦の紀元と定め、以後、千四百年間にわたって独自のヒジュラ暦を用いている。

基本的にイスラム教徒にとっては、このムハンマドが実際に活躍し、彼がアッラーから受けた天啓を記した『クルアーン』に記されているとおりに生活することが「人間として正しいあり方」であると考える。この六一〇年から六二二年頃といえば、日本の歴史でいえば、ちょうど聖徳太子が活躍した時代とピッタリと重なるのである。東アジア地域に三百数十年ぶりに出現した隋という強大な統一中華帝国の脅威にいかに対応するかが周辺各国の共通した政治課題であった時代に、聖徳太子は倭国にも中国風の中央集権官僚国家を打ち立てるべく奮闘し、冠位十二階や『十七条憲法』を制定した。その過程で、隋の第二代皇帝煬帝も信仰していた「世界宗教」のひとつであった仏教を積極的に採り入れ、遣隋使を派遣し、丁々発止の国際政治の場へと乗り出していった時代であった。

しかし、いかに聖徳太子の改革が優れていたとはいえ、もし、二十一世紀の現代において、「十七条の憲法に書いてあるとおりに生活せよ」と言われたら、なかなか難しいものがあることは言うまでもない。実際には、その間に千四百年間も時代が進んでしまっているであるからである。十七条憲法から約六百年後の一二三二年に鎌倉幕府によって制定された『御成敗式目（貞永式目）』は、六百年の間に、社会構造が複雑になったので、聖徳太子が定めた十七条に天地人の三要素を乗じて五十一カ条としたとされている。因みに、「土地占有」について定めた第八条では、「たとえ法的には他人（中央の貴族や有力寺社）の土地であったとしても、二十年間にわたってその土地を実効支配していれば、その土地の所有権はその占有者（武士）に移転される」と規定されており、その「二十年占有」の条項は、さらに八百年を経た現在の民法一六二条にも継承されているので、案外、人間の精神構造は変わっていないとも言える。

このように、われわれ日本人がよく知っている歴史的出来事と比較してみると、これまで馴染みがなかったイスラム教について、少しは親しみが湧いたことと思う。とにかく、イスラム国にまつわる現象は、二十一世紀の現代で起こっているできごとであるが、その淵源は、七世紀以来の出来事に起因しているということを理解しておく必要がある。

「イスラムの家」とは何か？

われわれ日本人が「イスラム教徒」と聞いてイメージするのは、男性の場合には、首から下が伝統的な真っ白なガウンのような衣装であろうが、西洋風の服装であろうが、頭上に「クーフィーヤ」と呼ばれる頭巾のようなものを被って、それを「イカール」と呼ばれる黒い二重の輪っかのようなもので留めた格好。女性の場合は、身体の線が出ない全身真っ黒な「アバヤ」と呼ばれる民族衣装をまとい、忍者のように目だけを出している服装を着た人々を想起するであろう。しかし、それは「イスラム教徒の衣装」というよりは、高温乾燥地帯（砂漠地帯）であるアラビア半島の風土に適したアラブ人の民族衣装であると言ったほうが正しい。同じイスラム教徒でも、高温多湿なモンスーン地帯や熱帯雨林地帯に暮らしているバングラデシュ人やインドネシア人のイスラム教徒は、男性の服装はTシャツに短パン姿だったり、女性の場合もヒジャブと呼ばれるカラフルなスカーフのようなものを頭に巻いて髪の毛を隠しているものの、顔の部分は丸出しである。

しかも、アラビア半島の総人口は、人口二千七百万人のサウジアラビア以下イエメン、アラブ首長国連邦、オマーン、クウェート、カタール、バーレーンなどすべての国々の人口を合算しても、せいぜい六千七百万人程度しかなく、国民の大半がイスラム教徒である人口二億七千万人のインドネシアはいうまでもなく、一億五千万人のバングラデシュの半分にも満たない。もう少し、アラブ人の住むエリアを周辺地域に拡大しても、イラクやシリアやヨルダンといった中東に暮らすアラブ人まで含めても、せいぜい一億人がやっとである。それなら、北アフリカのエジプトやスーダンに暮らすアラブ人の総人口のほうが多いくらいである。これらのことから判ることは、まず、「イスラム教徒＝アラブ人」という先入観を廃さなければならないということである。たしかに、イスラム教は、七世紀の前半にアラビア半島で勃興した。しかし、その後、千四百年間に世界の各地に拡散していったということである。

アフリカ大陸のサハラ以北の乾燥地帯では、東端のエジプトから西端のセネガルに至るまでの十カ国はすべて、国民の九割以上がイスラム教徒である。この地域に暮らすイスラム教徒の人口は、先ほど述べたように、欧米からは「中東」と呼ばれている地域に暮らすイスラム教徒よりも人口が多い。それ以外にも、人口一億七千万人のパキスタンはいうまでもなく、七千四百万人のイランも、七千三百万人のトルコも、三千百万人のアフガニスタンも国民の九割以上がイスラム教徒であるが、もちろん、彼らは言語的・民族的には、アラブ人とはまったく別の系統に属する民族である。それ以外にも、人口の七割以上がイスラム教徒の国となると、旧ソ連の構成共和国であったカザフスタン、キルギスタン、トルクメニスタン、タジキスタン、ウズベキスタンの五カ国や、それらに隣接する中華人民共和国最西端の新疆ウイグル自治区も、人口構成的には「東トルキスタン」と呼ぶべき地域である。

これらの国々のことを、イスラム教側では「イスラムの家《ダール・アル＝イスラーム》」と呼んで特別の一体感を共有している。これらの国々の多くは、国家を統治する法律の前提として、アッラーが預言者ムハンマドに啓示した『クルアーン』や預言者の言行録たる『ハディース』に基づいて制定された「シャリーア（イスラム法）」と呼ばれる法体系があるので、これらの国々の法律の規範はほぼ同内容である。西欧において千数百年間にわたって諸国家の法体系の基盤に据えられてきた「ローマ法」と並び、この「シャリーア」も千年以上の長きにわたり諸国家の法体系の基盤に据えられてきた人類の[※3]三大法体系のひとつである。因みに、預言者ムハンマドの「言行」のことを「スンナ」と呼び、現在、大多数のイスラム教徒が属している「宗派」の名称である「スンニ派」はこれに由来している。

ただし、たとえ国民の大多数がイスラム教徒であったとしても、トルコやアルバニアのように、政治的には世俗主義を標榜し、「シャリーア」を採用していない――つまり、民主的な選挙の結果次第で、国民がイスラム教の教えを否定することも可能である――国もある。因みに、現在、サウジアラビアに事務局を置く「イスラム協力機構」（二〇一一年までは「イスラム諸国会議機構」という名称だった）に正式加盟している国家は五十七カ国もあり、オブザーバーの五カ国を加えると、全

※3　残りのひとつは中国の法体系

世界の約三分の一の国家を数える。それら以外にも、国内に一億五千万人のイスラム教徒を抱えるインドの存在も無視することはできない。現在、全世界のイスラム教徒の総人口は十三億人と言われている。

アラビア語で「母」のことを「ウンマ」と言うが、この「ウンマ」はまた、共同体や国民という意味も有している。ただし、この「ウンマ」という語が「共同体」という意味で用いられるのは、唯一神アッラーの使徒によって「啓典」を遣わされた人間集団の場合のみのことであって、「ムーサー（モーセ）のウンマ」といえばユダヤ教のことであり、「イーサー（イエス）のウンマ」といえばキリスト教のことである。彼らには、それぞれ「タウラート（律法書）」と「インジール（福音書）」がアッラーから与えられたが、彼ら（ユダヤ教徒やキリスト教徒）は、これらの内容を歪めたり、自分たちに都合の良いように勝手に解釈したから、あらためてアッラーから最後の預言者ムハンマドを通じて「クルアーン」が与えられたというのである。それ故、イスラム教徒の共同体のことを「ウンマ・イスラミーヤ」と呼ぶが、なんの断りもなく単に「ウンマ」という時は、自動的に「シャリーア」が支配するイスラム教徒の共同体を指し、地球上に現実に存在する「イスラムの家《ダール・アル＝イスラーム》」と呼ばれる諸国家とほぼ同じ意味になる。

「カリフ制度」について

ここまで、七世紀初めの預言者ムハンマドが生きた時代、そして、現代のイスラム教諸国について概観してきたので、なんとなくイスラム教の地理的な広がりについては掴めたと思う。しかし、七世紀のムハンマドの時代と二十一世紀の現代との間には千四百年間の「歴史」が横たわっている。そこで、本節では、ムハンマドの死後、イスラム教がどのように発展してきたかについて紹介する。およそ人類の歴史には、数多の「教祖」と呼ばれる特別のカリスマを有する人々が多数出現したはずである。しかし、それらの「教祖」が始めた宗教が、何百年あるいは何千年という歴史を経て、われわれの生きる現代まで伝わり、世界の隅々まで広まったかというと、ことはそう単純ではない。たとえ、「教祖」がいかに偉大なカリスマを有した人物であったとしても、人間の寿命はたかだか百年ほどしか生きることができないし、かなりの言語的才能のある人でもせいぜい数カ国語しか話せないのであろうから、ある宗教が時間と空間を超えて拡大してゆくためには、有能な「弟子」の存在は欠かせないのである。仏教を開いた釈迦には十大弟子があり、キリスト教を開いたイエスには十二使徒がいた。だから、両宗教共に二千年以上の歳月を経て「世界宗教」たりえたのである。

では、ムハンマドの場合はどうであったのであろうか？　ムハンマドが先行する釈迦やイエスと異なる点は、彼は単なる「宗教家」というよりは、優秀な軍人(司令官)であり、また、有能な政治家であったという点である。その意味では、儒教の大成者とされる孔子が目指そうとしていた指導者(君子)像と重なるものがある。六三二年にムハンマドが世を去ると、預言者の教友であり、わずか九歳の娘を五十六歳のムハンマドに嫁がせたことにより預言者の「岳父」となったアブー・バクルが、信者集団内の選挙により、イスラム共同体の最初の指導者に選ばれた。彼は「神の使徒の代理人《ハリーファ・ラスール・アッラー》」とされ、略して「代理人《ハリーファ》」と呼ばれるようになった。歴代のローマ教皇が自らのことを「神の使徒《ペテロ》の代理人」と呼ばせたのと同じ理屈である。これが、「カリフ(ハリーファ)」制度の始まりである。アブー・バクルは、その地位に就いてわずか二年間でアラビア半島全土の軍事的統一を成し遂げた。

初代カリフのアブー・バクルが二年後に死去すると、ウマル・イブン・ハッターブが「神の使徒の代理人の代理人」として二代目カリフに選出された。クライシュ族のウマルは、最初は得体の知れない新興宗教を標榜するムハンマドを殺しに出かけたが、その道中で妹がイスラム教に改宗したと聞き、先に妹の所を訪れ、激怒して彼女を打ち据えたが、彼女が口にしたクルアーンの章句に感動し、自らもイスラム教徒に改宗した。ウマルの武勇はクライシュ族内では有名だったので、預言者の在世中のイスラム共同体への迫害は減少したとされている。アブー・バクル同様、ウマルの娘もムハンマドの四番目の妻となっており、預言者の死後、混乱する信仰共同体内を巧くまとめてアブー・バクルを初代のカリフに選出したウマルは、二代目カリフの称号として「信徒たちの指揮官《アミール・アル＝ムウミニーン》」を用い、これは後代のカリフの称号ともなった。彼はまた、「ヒジュラ（聖遷）」のあった六二二年をイスラム暦（ヒジュラ暦）の紀元元年と定め、「クルアーン」と「ハディース（言行録）」を整え、後のイスラム法制定の準備をした。

ウマルはまた、この当時、地中海東沿岸部を支配しキリスト教を国教とするビザンツ帝国（東ローマ帝国）と、イラン地方を支配しゾロアスター教を国教とするササーン朝ペルシャ帝国との覇権戦いの間に割って入り、六三五年にはビザンツ帝国領であったダマスカスを占領し、シリアをイスラム化した。六三七年にはササーン朝の帝都クテシフォンを占領。六四二年にはビザンツ帝国領のアレキサンドリアを陥落させてエジプト全土をイスラム化した。また、同じ年には、イラン高原の奥地（現在のアフガニスタンの西部）まで侵攻してササーン朝ペルシャ帝国を事実上壊滅させた。これらの広大な征服地域では、アラブ人の指揮官を「アミール（総督）」として駐留させ、非アラブ人には「ハラージュ」と呼ばれる土地や家畜に課せられる税金を徴収した。これに加えて、イスラム教に改宗しない人民には「ジズヤ」と称する人頭税が課せられた。この税制上のムスリム・非ムスリムの差別は、「アラブ人の新興宗教」にすぎなかったイスラム教を周辺地域の各民族へ拡大させるのには大変役に立った。

六三八年にエルサレムを占領したウマルは、正教会のエルサレム総主教であったソフロニオスと会見し、「聖地（エルサレム）」におけるキリスト教徒を庇護民《ズインミー》と見なし、イスラムの絶対的優越に屈服し、ジズヤを支払う限りにおいて一定の権利を保障することを約束した。ユダヤ教徒も同じ条件で庇護民とした。エルサレムが「聖地」として特別扱いされたのは、ムハンマドが生前、一夜にしてメッカからエルサレムに旅し、その地で昇天するという奇跡を体験したことになっていたからである。このウマルのエルサレム入城以来、エルサレムの「神殿の丘」※4は、ユダヤ教・キリスト教・イスラム教という三つの宗教の「聖地」となり、それぞれの宗教が共存して今日に至っている。その後も、「無敵」のウマルはイスラム帝国の版図を次々と拡大させていったが、六四四年、メディナのモスクで礼拝中に奴隷によって刺殺されて、あっさりとこの世を去った。

ウマル・イブン・ハッタープの死後、第三代カリフに選ばれたのは、ウマルがいまわの際《きわ》に指名した六名の後継者候補の内の一人であったウスマーン・イブン・アッファーンであった。ウマイヤ家出身のウスマーンは、前二代のカリフほどの軍事的才には恵まれなかったが、ムハンマド

※4　「神殿の丘」とは、紀元前十世紀頃、古代イスラエル王国のソロモン王によってユダヤ教の「神殿」が建てられたが、紀元前五八七年にバビロニア王国の攻撃で破壊された。バビロン捕囚後の紀元前五一五年に再建されたが、西暦七〇年にローマ帝国によって徹底的に破壊され、「神殿の基礎」部分の石垣だけが残された。その後、六九〇年にイスラム教徒によって「岩のドーム」と呼ばれるモスクが丘の上に築かれた。それ以後、西側の石垣部分が「嘆きの壁」としてユダヤ教徒の「聖地」となり、現在に至るまで、イスラエルとパレスチナ両国民による係争地となっている。

の娘婿であったウスマーンは、ムハンマドの妻に次いで「世界で二番目にムスリムになった人」としても知られるほど、信仰に生きた人であった。「戦争の天才」であったウマルの死を知った周辺諸国では、ビザンツ（東ローマ）帝国やササーン朝（ペルシャ帝国）の残存勢力などの反攻や各地で反乱が頻発したが、ウスマーンはこれらをよく跳ね返し、さらに、カスピ海に面したアゼルバイジャンやアルメニア地方にまでイスラム帝国の版図を拡げたが、その方法はユニークであった。彼自身は大変な資産家であったので、個人の財産を惜しみなくイスラム帝国の軍事的支出に投じたのである。また、ウマルの時代にはなかった海軍も創設し、東地中海域における制海権も掌握した。こうして、ムハンマドの生前から続けられた征服戦争は六五〇年に終焉を見た。

さらに、彼はイスラム国家の首長として初めて、中国（唐帝国）へ使者を派遣した人物として、六五一年に長安にイスラム帝国から使者が来朝した記録が唐側の記録に残されている。彼はまた、各地に伝承される過程で乱れてきたクルアーンの記述を統一し、その編纂プロセスは、イスラム法の整備やイスラム神学に大きな進歩をもたらせた。しかし、征服戦争の終結という「平和の時代」はまた、そのことによって富を得ていた将兵たちの不興を買い、六五六年、自宅に居るところを乱入したアブー・バクルの息子らによって殺害されたが、斬りかかられてもクルアーンから手を離さず、息絶えるまでクルアーンの読誦を続けていたのは、さすがに「信仰の人」と呼ばれるに相応しい人であった。ウスマーンは、イスラム教徒によって殺された最初のイスラム教指導者となった。

ウマイヤ家重視政策を取った第三代カリフのウスマーン・イブン・アッファーンの暗殺後、第四代カリフの地位に就いたのは、第三代カリフの地位をウスマーンと争ったムハンマドの従兄弟にして娘婿であるハーシム家出身のアリー・イブン・アビー・ターリブであった。このアリーも、ムハンマドの片腕として、最初期から教団の運営や戦場での活躍も目覚ましく「預言者の後継者」と目されていたが、六三二年にムハンマドが没した時点でまだ三十二歳と若年であったため、当時すでに六十一歳であったアブー・バクルが初代のカリフに就いたという経緯がある。

アリーが第四代カリフに就任した後も、カリフの座を争ったウマイヤ家出身のムアーウィヤやムハンマドの晩年の妻でアブー・バクルの娘アーイシャらと対立し、彼らが起こした反乱も鎮圧したが、その際の和議のあり方に反発した強行派の「ハワーリジュ派」がイスラム史上最初の分派となった。

しかも、正統なカリフであるアリーの存命中の六六〇年から、シリア総督のムアーウィヤは勝手に「カリフ」を僭称するようになった。ハワーリジュ派は、アリーとムアーウィヤの両者に刺客を差し向けたが、ムアーウィヤがこれを巧く切り抜けたのに対し、六六一年、アリーはモスクで祈祷中に襲われて落命した。「正統カリフ」の四人の内、実に三人が暗殺されたことになる。こうして、「単独のカリフ」となったムアーウィヤは、自分の家系による「カリフの世襲」を宣言し、九十年続くことになるウマイヤ朝を開いた。このウマイヤ朝の期間中に、現在のイスラム教圏の版図とほぼ同じ、北アフリカ大陸の最西端セネガルまでイスラム帝国は拡大したどころか、モロッコからジブラルタル海峡を渡って、当時すでにキリスト教圏であった現在のスペインとポルトガルに当たる西ヨーロッパのイベリア半島までイスラム帝国の版図と化した。

因みに、暗殺された最後の「正統カリフ」であるアリー・イブン・アビー・ターリブとムハンマドの娘ファーティマとの間に生まれた二人の息子であるハサン・イブン・アリーとフサイン・イブン・アリーを預言者の「正統な後継者《イマーム》」であると戴く人々が、「アリーの党派」を意味するアラビア語「シーア・アリー」となり、「シーア派」と呼ばれるイスラム教内最大の分派となった。一方、ウマイヤ朝の権威を認めた人々は「スンニ派」（この名称は、預言者の言行録「スンナ」に依る）と呼ばれるようになり、今日まで続くイスラム教内の宗派間テロや、スンニ派のアラブ人とシーア派のイラン人の争いの遠因になっている。

そして、二十一世紀になって「イスラム国」を名乗って「建国」した集団のイラク出身の指導者イブラヒーム・アッワードは、二〇一四年六月二十九日、「カリフに就任した」と自ら僭称して、アブー・バクル・アル＝バグダーディーと名乗ったが、このファーストネームの「アブー・バクル」というのは、もちろん、預言者ムハンマドの後継者にして、最初のカリフとなったアブー・バクルから取ったものであり、全世界のイスラム教徒にとってみれば、「アブー・バクル」や「カリフ」

という名を聞けば、それだけで逆らえないものがあるという感覚を巧妙に利用しているのである。因みに「アル＝バグダーディー」とは、「パリジャン」や「江戸っ子」と同じように「バグダッド子」という愛称である。

一見、「野蛮」に見えるこのバグダーディーという人物は、バグダッドの大学でイスラム学の博士号まで取得しているインテリである。ただし、高学歴で論理的な思考ができることと、その人間の残虐性との間にはなんの因果関係もないことは、あのクメール・ルージュ（カンボジア共産党）の最高指導者として何百万人もの自国民を虐殺したポル・ポトもパリのエリート養成機関であるグランゼコール（高等学院）に留学した経験があるし、あの今も内戦の継続するシリアの独裁者バッシャール・アサド大統領もダマスカス大学医学部を卒業後、ロンドンの眼科病院に務めていたこともあるくらいだ。因みに、現在までハッキリと判る形で名門ハーシム家の家系を正統に継承しているのは、ヨルダンの王家だけである。だから、ヨルダンの正式の国号は「ヨルダン・ハシミテ王国」である。

アッバース帝国の時代

まんまと「カリフ位」を簒奪し、西ヨーロッパにまでおよぶ史上初の世襲制イスラム大帝国を確固たるものにしたウマイヤ朝であったが、二代目皇帝ヤズィード一世の即位直後の六八〇年に「カルバラーの悲劇」という現在にまで及ぶイスラム世界を二分させる事件が起こった。暗殺された第四代「正統カリフ」であるアリーの次男フサイン・イブン・アリーは、打倒ウマイヤ家を目指して軍事行動を起こそうと決起するが、事前にその動きがウマイヤ側に漏れて、父アリーの本拠地クーファに向かう途中、ユーフラテス川の河畔でウマイヤ帝国軍四千人の手によって、わずか七十数騎のフサインは嬲り殺しの目に遭う。この「フサインの殉教」の出来事こそはシーア派のエネルギーとなり、現在でも、この殉教を記念する「アーシューラーの日」には、シーア派では男たちがフサインの死を慟哭し、自らの身体を鞭打つ様子が毎年のように日本のテレビでも放送されるので、ご覧になった方も多いと思う。一九七九年に起きたホメイニ師による「イラン・イスラム革命」でも、このアーシューラーの日のデモがそのきっかけのひとつとなっている。このスンニ派カリフに対する復讐感情《ルサンチマン》は、後年、ウマイヤ朝打倒運動として結実することになる。

しかし、イスラム教世界初の世襲制カリフ帝国であったウマイヤ朝支配が崩壊した真の原因は、その巧く行きすぎた帝国支配の拡大と、イスラム教自体が抱える内在的要因にあると言える。つまり、人類の中から唯一神アッラーが選んだ預言者ムハンマドがたまたまアラビア人であっただけのことであって、民族の如何を問わずイスラム教徒になることができるということ。そして、イスラム教徒に課されているのは、「ザカート」と呼ばれる貧者救済のための喜捨だけであるにもかかわらず、非イスラム教徒にはジズヤ（人頭税）とハラージュ（財産税）が課されるので、それを避けたい被支配地域の人民が次々とイスラム教に改宗したことによって、帝国の税収が激減したということである。軍事的征服による帝国の拡大は政教一致のイスラム教の拡散に大いに貢献したが、その成功の結果こそが帝国の衰退の原因となったのは皮肉なことである。

綻《ほころ》びを見せ始めたウマイヤ帝国はシーア派勢力をはじめ、各地で反乱が起こったが、それらの中の一勢力であったヨルダンのアッバース家出身のサッファーフ（通称：アブー・アル＝アッバース）は、七四九年、イラン北東部のホラーサーン地方に派遣されていた軍勢を率いてアリーの本拠地クーファに入城するが、シーア派のイマームがカリフに推戴されるのに先立ち、この革命軍がアブー・アル＝アッバース（サッファーフ）をカリフに推戴して忠誠の誓いを立て、ウマイヤ家以外の人間としては九十年ぶりのカリフに就位した。カリフ位に就任したサッファーフは、シリアをはじめ各地でウマイヤ帝国軍を破り、ウマイヤ朝の残党狩りを徹底したが、ウマイヤ朝第十代カリフであったヒシャーム・イブン・アブドゥルマリクの孫でベルベル人の母を持つ金髪で緑眼のアブドゥル・ラフマーン一世は、西ヨーロッパのイベリア半島まで逃れ、アンダルシアのコルドバに都して後ウマイヤ朝を立てた。この王朝は、三百年近くの長きにわたり、西欧の一角にイスラム教国家を維持し続けたので、西欧（フランク王国）のキリスト教徒たちが直接目にすることのできたイスラム教徒としての意味があった。

このように、帝国の最西端ではウマイヤ勢力の一掃に失敗したアッバース帝国ではあったが、東方への拡大は順調に進み、七五一年に、現在のキルギスタンに当たるタラス河畔で、当時その版図を最大化していた唐帝国の軍勢と激突し、これを撃破した。このとき、捉えられた唐人から製紙技術がイスラム圏に伝わり、続いて、ビザンツ帝国を経由してヨーロッパへも伝わったことはあまりにも有名である。つまり、ユダヤ教の律法も、キリスト教の福音書も、イスラム教のクルアーンも、それまでは「紙」に書かれたものではなかったということである。因みに、この頃（七七〇年）日本では、称徳女帝が、恵美押勝の乱で戦死した将兵の菩提を弔い、鎮護国家を祈念するために、当時の日本の総人口に匹敵する百万部の陀羅尼《マントラ》を紙に印刷して、小型の木製の宝塔百万個に入れて、法隆寺、四天王寺、東大寺、興福寺など当時の十大寺に十万巻ずつ奉納したとされていることからも判るように、ものづくりにかける日本人の工業技術は当時から世界のトップクラスであった。

こうして、アッバース帝国は順調なスタートを切ったが、七五四年、初代カリフであったサッファーフが天然痘で病没すると、彼の指名を受けていた兄のアブー・ジャアファルが二代目カリフに就任した。アッバース家は、預言者ムハンマドの叔父アッバースを始祖とする名門であったが、「統治」の技術も順調に進み、その後、五百年の長きにわたって「カリフ」の位を独占し続けた。このアッバース帝国は、当地に元々あった古代オリエントの文明を基礎に、ギリシャ、ペルシャ、インド、中国のなどの優れた技術や文明をイスラム教の下で融合し、あらゆる分野の学問の発展を見た。特に、ギリシャ語からアラビア語に翻訳されたアリストテレスの哲学は、イスラム哲学や神学に大きな影響を与えた。ずっと後世になってヨーロッパでルネッサンスが起こるが、この際の「文芸復興」とは、暗黒の中世の間、キリスト教神学によって「異教の学問」として抑圧され、ヨーロッパ人が忘れてしまっていた古代ギリシャの哲学や諸科学が皆、アラビア語からラテン語へと再翻訳されて西欧に伝わり、彼らに衝撃を与えたのである。

最盛期の第五代カリフのハールーン・アッ＝ラシードの時代には、百五十万の人口を擁する帝都バグダッドは、古代ローマをも凌ぐ三万カ所の公衆浴場を有する「世界に並ぶもののない都」としてその全盛期を迎えた。その繁栄の様子は『千夜一夜物語《アラビアンナイト》』でも「偉大な帝王」として紹介されている。彼の名声は、北欧のバイキングから中国にまで鳴り響いていた。

アッバース帝国では、幹線道路の敷設やペルシャ人文官を採用して官僚制度の整備が進み、地下水路《カナート》などの砂漠の灌漑技術が中東各地に普及し、農業生産能力が飛躍的に拡大し、急激な人口増がもたらされ、アッバース帝国の金貨は北欧のバイキングの間にまで流通していた。バグダッドの銀行で振り出された小切手は、アフリカの西北端モロッコでも換金できた。また、ムスリム商人が発明した「複式簿記」は現在まで世界の会計標準となっている。また、七五一年のタラス河畔の戦いで唐からもたらされた製紙技術は、その六年後には、サマルカンドに大規模な製紙工場が造られるなど、学問の発展に決定的な影響を与えた。なかでも特筆すべきは、塩酸や硫酸などを用いた化学の発展で、「エタノール」や「アルカリ」などというアラビア語由来の用語がこの分野の世界標準となった。また、インドからもたらされた「ゼロ」の概念と十進法のアラビア数字を用いて、人類に代数学をもたらせた。ギリシャ語やローマ数字だけでは、幾何学は深めることはできても、複雑な加減乗除の計算はほぼ不可能であるからである。音楽や文学はもちろんのこと、もともと得意であった法学が発展したことは言うまでもない。

しかし、トルコ、アルメニア、シリア、エジプトなど各地で反乱が続発するようになり、ビザンツ帝国も勢いを盛り返す中、八六一年に第十代カリフのムタワッキルが暗殺されて以後、アッバース家のカリフ位は名目上のものと化してゆき、十世紀に至って、各地でそれぞれの民族的な背景を有した十ほどの勢力が事実上「独立」した状態になり、それぞれが、中央（バグダッド）のカリフの権威は認めながらも、「アミール（「司令官」転じて「君主」）」等の称号を僭称して「王朝」を立てた。この状態は、一応、旧来の周王室の権威に対して諸侯は敬意を表してはいたが、事実上は斉・秦・晋・楚・宋などの諸侯が覇権を争った紀元前八世紀頃の中国大陸における「春秋時代」をイメージすれば、日本人にも判りやすいと思われる。アッバース帝国下の群雄の中で特筆すべきは、トルコから勃興したセルジューク朝である。彼らの版図は、東は現在の中国の新疆ウイグル自治区から中央アジア、ペルシャ、イラク、シリアに及び、帝都バグダッドを支配下に置き、自らはシーア派にもかかわらず、スンニ派のカリフから「大アミール」の地位を与えられていたブワイフ朝を一〇五五年に打倒し、バグダッドを解放して、カリフから「スルタン（「権威者」転じて「皇帝」）」の称号を与えられた。

こうして、預言者ムハンマド以来、六百有余年にわたって発展を遂げてきたイスラム帝国の繁栄に終止符が打たれたのは、一二五八年のモンゴル軍のバグダッド征服である。中国北部の草原から急激に勃興してきた大モンゴル帝国は、チンギス・ハーンの孫の時代には、現在のロシア・ウクライナ地域を治めた遊牧政権のジョチ・ウルスと、現在の中央アジア（旧ソ連の五スタン国）地域を治めたチャガタイ・ハン国と、現在の中華人民共和国とモンゴルとロシアの沿海州地域と朝鮮半島を治めた大元ウルス（蒙古帝国）と、現在のアフガニスタン・イラン・イラク・トルコ地域を治めたイル・ハン国に四分割され、連合帝国を形成していた。そのイル・ハン国の創始者となったのが、チンギス・ハーンの孫のフラグ・ハーンである。日本にも攻めてきた大元ウルス（蒙古帝国）の初代皇帝となったクビライ・ハーンの同母弟である。

一二五八年、帝都バグダッドを包囲したフラグ・ハーン率いるモンゴル帝国軍は、これを徹底的に破壊し尽くし、「知恵の館」として人類文明の粋を集めた数十万冊の貴重な学術的書籍を悉く焼き尽くしてしまった。こうして、古代メソポタミア文明から始まり、イスラム帝国のおかげで古代ギリシャ文明を含む全世界の知恵が結集したバグダッドの文物はおろか百万人以上の市民が女性から子供に至るまで悉く虐殺され、金銀財宝は略奪を受け、世界で最も栄えた帝都が完全に廃墟となってしまった上に、イスラム文化に蓄積された合理性や先進性が十三世紀の段階で固定してしまい、以来、現在に至るまで、先進的なイスラム文明のおかげでルネッサンスに目覚めた西欧文明が、大航海時代を経て全世界へとその版図を拡げ、産業革命でその優位は揺るぎないものとなった。一方、アラブのイスラム教文明は、ヨーロッパのキリスト教文明の後塵を拝することになってしまうのである。

因みに、バグダッドを破壊し尽くしたフラグ・ハーンは、その二年後、長兄モンケ・ハーンの訃報に接し、大モンゴル帝国の後継者（大ハーン）を決めるクリルタイ（族長会議）が開催される父祖の地カラコルムへ向かって引き上げ始めたが、帰途、既に次兄クビライ・ハーンと末弟としてカラコルムを守っていたアフブケ・ハーンの間で大ハーン位の継承戦争が始まったことを知り、生涯この地に留まって自主帝国（イル・ハン国）を建国することにした。彼はまた、アッバース帝国を滅ぼすために、その西側にあったビザンツ帝国とも通じていたため、結果的には、イングランド王エドワード一世が活躍したキリスト教徒による「第八回十字軍」の遠征にも手を貸すことになった。しかしながら、長年この地に留まることになったイル・ハン国の諸将は、だんだんとチベット仏教徒であったモンゴル人としての自覚を失い、ついに第五代ハーンのゲイハトゥの時代に至ってイスラム教への改宗を行った。こうして、モンゴル帝国によって、イスラム帝国の由緒あるカリフ制度は消滅させられ、また、あらゆる分野で当時世界の最先端を行っていたイスラム教徒の社会的進歩が停止させられたのである。

何故、預言者の風刺画を描いただけで殺されねばならないのか？

これまでの話で、日本人の読者の皆さんも、イスラム教の歴史的展開について概観が掴めたと思うし、イスラム教徒と聞けば、「せいぜい中東のアラブ世界のこと」と思っていたことが、アフリカやヨーロッパの最西端から東は中華帝国に至るまで相互に影響を与え合ってきたことを理解されたであろう。しかし、ここまでの話は、日本の歴史に置き換えれば、外来の宗教である仏教が本格的に受容され始めた聖徳太子の時代から、天台・真言の平安仏教を経て、法然、親鸞、日蓮、道元、栄西などの鎌倉新仏教の祖師たちが活躍した時代までのことであって、われわれが暮らす二十一世紀とはまだ八百年もの開きがある昔の話だと思っておられるであろう。でも、現代の日本の主な仏教宗派と言えば、天台宗・真言宗に加えて鎌倉新仏教の祖師たちが開いた浄土宗、浄土真宗、日蓮宗（法華宗）、曹洞宗、臨済宗であり、以降ほとんど新しい仏教宗派など出現していないことを見ても判るように、どちらかと言えば「世俗的な民族」である日本人ですら、八百年前の宗教的状況に制約されているのであるから、熱心な一神教徒であるイスラム教徒が、その時代の出来事に制約されていないはずはないと言えよう。

という訳で、ここで話はいきなり現代の話に移る。二〇一五年の一月七日、パリの風刺漫画を出版する週刊新聞社シャルリー・エブドの編集会議中に、ロシア製の自動小銃ＡＫＭＳ（「カラシニコフ銃」として有名なＡＫ－47シリーズの後継）で武装したフランス国籍を有するアルジェリア系二世の兄弟二人が乱入し、「神は偉大なり！　預言者の復讐だ！」と叫んで、この会議に集まっていた編集長や風刺漫画家その他十二名を射殺した事件があったことは、まだまだ皆さんの記憶に新しいであろう。彼らの主張は、「何度も警告したにもかかわらず、性懲りもなくシャルリー・エブドが神聖なる預言者（ムハンマド）を茶化した風刺画を掲載し続けたから」である。因みに、この「シャルリー」という名は、アメリカの人気漫画『ピーナッツ』の主役である犬のスヌーピーの飼い主チャーリー（・ブラウン）のフランス語読みであり、「エブド」は「週刊」という意味である。この事件は、十八世紀末のフランス革命以来、フランス人が大切に守ってきた「表現の自由」に対する暴力的侵害だということで、フランスはいうまでもなく同じ価値観を共有する欧州全土で、「私はシャルリー」なるプラカードを持った民衆や各国指導者たちも参加した抗議デモが連日展開された。

しかし、日本国内でも詳細に報じられたこの「事件」の内容は、事件発生の二日後、逃亡した襲撃犯たちが立て籠もったシャルル・ド・ゴール空港の北東十五キロに位置するダマルタンという小さな町での憲兵隊特殊部隊との銃撃戦の様子など交えながら報じられたが、事件の背景となったフランスに多いアフリカ系移民の子孫たちとフランスの白人たちの間での差別や格差といった内容に終始するか、もしくは、イスラム教徒たちを挑発するかのごとく、彼らが心から崇敬する預言者を茶化した風刺漫画を掲載することを不謹慎であるとか、如何なる場合でも「表現の自由」は守られるべき普遍的人権であるといったような、「事件」の本質を理解していない解説ばかりであった。だから、多くの日本人は、「預言者を風刺した行為に激怒した過激なイスラム教徒が残忍なテロ事件を起こした」というふうに理解しているが、ここにこそイスラム教に対する重大な認識不足、否、イスラム教に限らず、ユダヤ教やキリスト教を含めた現在の世界を「支配」している国々の大多数の民が信仰している「一神教」というものに対する重大な認識不足があるといっても過言ではない。

彼らが、殺人事件まで起こして「問題」にしたのは、預言者ムハンマドを茶化して風刺したことではなく、ムハンマドの「絵を描いた」ことである。日本人の感覚なら、同じ風刺漫画でも、実際よりも醜男《ぶおとこ》に描かれてその言動を茶化されたのなら、怒っても当たり前であるが、もし、実際よりも男前に描かれてその言動を賞賛されたら、怒る奴はいないであろうと考えるので、今回の襲撃犯も、彼らが崇敬する預言者の顔をデフォルメして茶化したから怒ったのであろうと思っているが、それは大間違いである。

私は最初に書いたイスラム教の歴史の部分で、「イスラム教は、(少なくとも理念的には)ユダヤ教やキリスト教と同じ唯一神を戴く宗教であり、ユダヤ教のモーセも、キリスト教のイエスも、最終預言者であるムハンマドが神《アツラー》から遣わされるよりも前の時代に、その時々の人類を救済するために神が啓示を与えた預言者である」と述べたことを覚えておられるであろう。これらの三つの啓示宗教共通の聖典であるモーセの「律法《トーラー》」には何と書かれているか？　長年、エジプトで奴隷にされていたユダヤ人たちに唯一神《ヤハウェ》はモーセを遣わして、紅海を真っ二つに分けて彼らを解放する『出エジプト記』の話は誰でも知っているであろう。彼らをファラオ（エジプトの神聖王）の圧政から解放して「約束の地」であるパレスチナのカナンに入る前に、シナイ山で神ヤハウェがモーセに与えた『十戒』に何と書かれているかご存じか？　と問えば、多少でも教養のある日本人であれば、即座に「殺すなかれ。姦淫すなかれ。盗むなかれ……、から始まって、それから後の七つは何だったっけ……。とにかく、人類が普遍的に守らなければならない倫理規範のようなものだ」と答え、さらに「仏教でも『不殺生戒』は最重要視されているように、『殺すなかれ』は世界中のどの宗教でも共通に説く黄金律《ゴールデン・ルール》だ」と答えるであろう。

しかし、この答えがすでに根本的に間違えている。ここでもう一度、モーセが書いたとされている旧約聖書『出エジプト記』の第二十章第一節から第十七節までの『十戒』と呼ばれている部分を読んでみよう（①から⑩の符号や括弧は筆者が添付した）。

神はこのすべての言葉を語って言われた。「わたし（ヤハウェ）はあなた（ユダヤ人）の神、主《しゅ》であって、あなたをエジプトの地、奴隷の家から導き出した者である。

① あなたはわたし（ヤハウェ）のほかに、なにものをも神としてはならない。

② あなたは自分のために、刻んだ像を造ってはならない。上は天にあるもの、下は地にあるもの、また地の下の水のなかにあるものの、どんな形をも造ってはならない。それにひれ伏してはならない。それに仕えてはならない。あなたの神、主であるわたしは、ねたむ神であるから、わたしを憎むものには、父の罪を子に報いて、三、四代に及ぼし、わたしを愛し、わたしの戒めを守るものには、恵みを施して、千代に至るであろう。

③ あなたは、あなたの神、主の名を、みだりに唱えてはならない。主は、み名をみだりに唱えるものを、罰しないではおかないであろう。

④ 安息日《シャバット》を覚えて、これを聖とせよ。六日のあいだ働いてあなたのすべてのわざをせよ。七日目は、あなたの神、主の安息であるから、なんのわざもしてはならない。あなたも、あなたのむすこ、娘、しもべ、はしため、家畜、またあなたの門のうちにいる他国の人もそうである。主は六日のうちに、天と地と海と、そのなかのすべてのものを創って、七日目には休まれたからである。それで主は安息日を祝福して聖とされた。

⑤　あなたの父と母を敬え。これは、あなたの神、主が賜る地で、あなたが長く生きるためである。
⑥　あなたは殺してはいけない。
⑦　あなたは姦淫してはいけない。
⑧　あなたは盗んではいけない。
⑨　あなたは隣人について、偽証してはいけない。
⑩　あなたは隣人の家をむさぼってはいけない。隣人の妻、しもべ、はしため、牛、ろば、またすべて隣人のものをむさぼってはならない。」

なんだか、前半の五つの事項については、理由も述べて丁寧に説明しているのに、後半の五つの事項についてはあっさりと流しているという感じを持たれたであろう。もう少し解りやすいように、禁止事項だけを整理してみると……。

①　ヤハウェが唯一の神である。
②　偶像を造ってはならない。
③　神の名をみだりに唱えてはならない。

④　安息日を覚えて、これを聖なる日とせよ。
⑤　あなたの父と母を敬え。
⑥　殺してはならない。
⑦　姦淫してはならない。
⑧　盗んではならない。
⑨　偽証をしてはならない。
⑩　隣人の物を欲しがってはいけない。

これを、われわれ日本人にとって馴染みのある大乗仏教の『十善戒』（『華厳経』十地品第二）と比較してみよう。

①　不殺生（故意に生き物を殺さない）。
②　不偸盗《ちゅうとう》（与えられていないものを自分のものとしない）。
③　不邪淫（不倫をしない）。
④　不妄語（嘘をつかない）。
⑤　不綺語（中身の無い言葉を話さない）。

⑥　不悪口《あっく》（乱暴な言葉を使わない）。
⑦　不両舌（他人を仲違いさせるようなことを言わない）。
⑧　不慳貪《けんげん》（異常な欲を持たない）。
⑨　不瞋恚《しんに》（異常な怒りを持たない）。
⑩　不邪見（誤った見解を持たない）。

多くの日本人がモーセの『十戒』の中心項目だと思っていた「殺すなかれ。姦淫するなかれ。盗むなかれ……」という倫理的な禁止条項は、実は、大乗仏教の『十善戒』のことだったのである。しかも、私自身がそうであるように、大半の日本人も『十善戒』の後半の部分までキチンと遵守しろと言われたら厳しいものがあるが、少なくとも冒頭の三つは守っているだろう。もちろん、法律というものは、重要な事項から先に書いていくのが常識であるから、「不殺生戒」が冒頭に挙げられているのは当然のことである。

ところが、モーセの『十戒』をよく読むと、「殺していけない（不殺生）」と「姦淫してはいけない（不邪淫）」と「盗んではいけない（不偸盗）」の順位は、たかだか第六、七、八位に過ぎない。第五位の「親孝行」以下のレベルだ……。そのことは、第六項目以下の項目は、それまでの項目が理由や経緯まで触れて紹介されているのに比べて、あっさりと項目だけ羅列されていることを見ても明らかである。前段で述べたように、およそ法律というものは、重要な事項から先に書いてゆくものであるから、神から『十戒』を授かったユダヤ教徒に限らず、共通の「唯一神」を戴くキリスト教徒もイスラム教徒も同様に、この禁止事項を尊重していることは明白である。

イスラム国の国旗

日本語にすると、「神が唯一の神である」と言われても、なんだか言葉の遊び（トートロジー）みたいで意味不明であるが、イスラム教徒の信仰告白で最も重要なのもこの部分である。アラビア語では「ラー・イラーハ　イッラッラー」と言うが、判りやすいように英語化すると「(There is) no god, but God (=Allah)」ということになる。イスラム教徒の場合、その後に「ムハンマド　ラスールッラー」すなわち「Muhammad (is the) messenger (of) God」という句が一続きになっている。この文句は、サウジアラビアの国旗にも、また、イスラム国の国旗にも染め抜かれている。つまり、「神が唯一の神である」とは、「わたし（ヤハウェ＝アッラー）以外に何者も神として（拝して）はいけない」という意味である。

その次が、「偶像を造ってはいけない」である。ここでいう

「偶像」とは、被造物であるあらゆるものを指すだけでなく、創造主である神自身の「偶像」も造ってはならないという意味である。これでお判りかと思うが、シャルリー・エブド襲撃事件の際に、われわれ大多数の日本人が勘違いしていた「シャルリーはイスラム教徒が崇敬している預言者ムハンマドを茶化したから、狂信的なイスラム教過激派に襲撃された」というような話ではなく、たとえ侮辱ではなく、アッラーやムハンマドを褒め称えるような漫画であったとしても、神や預言者自体を画像として描く行為そのものが禁忌事項に牴触しているのである。だから、シャルリー・エブド社が襲撃されたのである。

同様に、日本人から見れば、とんでもない蛮行に見えた二〇〇一年三月のアフガニスタンのタリバーンによる「バーミヤンの大仏爆破事件」も、われわれからすれば、千数百年前に造られ、六三〇年にはあの玄奘三蔵法師も拝した燦然と金色に輝く高さ五十五メートルの石仏は、個々人の心情にすぎない宗教の違いなんかを超越した人類共通の文化遺産であり、これを破壊するとは何事か！　ということになるのであるが、あのような仏像を刻むこと自体が、イスラム教徒からすると最もしてはならない大罪なのであるから、これを破壊することになんの躊躇があろうかということになる。

それでは、この十項目が相互に矛盾した場合はどうなるのであろうか……。つまり、どれかの項目を守るためには、どれかの項目を破らなければならない二律背反の事態に至った場合にはどうすべきか？　という問題である。法律論の常識として、当然、条項の若い順に優先順位があるはずである。つまり、第二項目の「偶像を造ってはいけない」という禁止事項を遵守するためには、第六項目の「殺してはならない」という禁止事項を守ることができない場合には、「殺してもかまわない」ということになるのである。否、もっと積極的に「（正しい信仰を守るためなら、それを阻む者は）殺すべきである」というふうにも取れる。それが「ジハード」であって、「ジハード」というアラビア語の意味は、個人的なレベルでは「努力・奮闘」のことであるが、ウンマ（イスラム共同体）を守るためなら「聖戦」もやむを得ないということになるのである。

ここまでの話を読んで、多くの日本人読者の皆さんが、これまでイスラム教だけでなく、ユダヤ教やキリスト教まで含めた一神教の人々――しかも、都合の悪いことに、現在の世界は彼らの原理によって支配されている――がどのような価値観を持った人々であるかを知らずに生きてきたかということに気付かれたことと思う。「イスラム国」について、あれこれ論ずるためには、最低限、これだけの知識を備えておかなければ、当のイスラム国の連中だけでなく、欧米をはじめ世界中のほとんど国の政治家やメディアを含めた民衆とも対話が不可能であることもお解りいただけたことと思う。そこで、次章からは、焦点を「日本」に当てて、本章で考えてきた問題点をまったく反対の角度から考察してみたいと思う。

第2章　古代と中世の日本人にとっての「クニ」

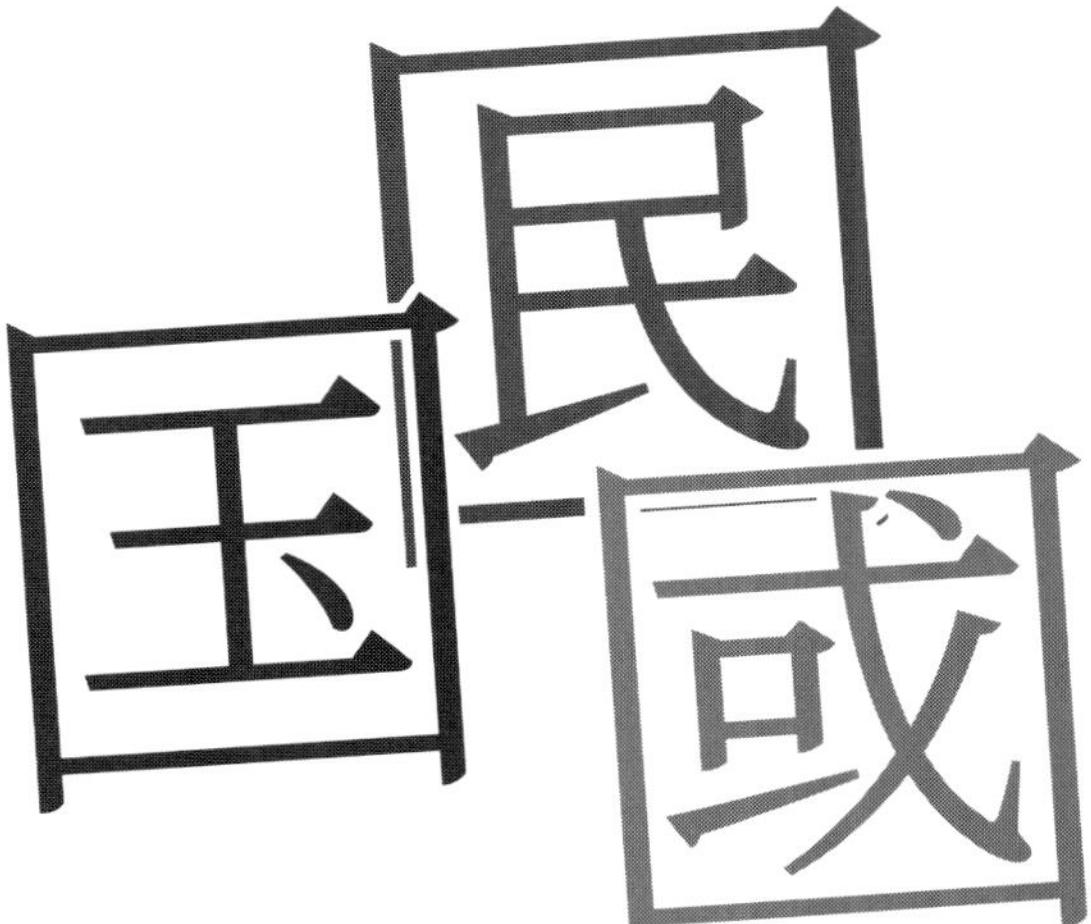

氾濫する「国」という言葉の誤用

ここまで、七世紀のイスラム帝国（ウマイヤ朝）の成立から十三世紀のモンゴル帝国によるアッバース朝の滅亡までの話を紹介し、かつ、「不殺生こそ人類共通の倫理」と日本人が思いこんでいることを取り上げ、イスラム教をはじめとする一神教という宗教――これを彼ら共通の先祖である預言者の名を取って「アブラハムの宗教」と呼ぶ――の考え方が、われわれ日本人とは大変異なっていることについても紹介してきた。そこで本章では、焦点をわれわれに馴染《なじ》み深い「日本」に当てて、より深く考察すると共に、実は、いかに多くの日本人が「日本」という国柄の本質について理解していなかったかという点について論証してゆきたいと思う。

テレビや新聞のニュースを見ていても「国」という言葉が出て来ない日はない。曰く、「○○が国を相手取って訴訟を起こした」だの、「野党が予算委員会で国の責任を追及」だの枚挙に暇がない。しかし、よく考えてみてほしい。裁判所だって「国」の一機関であるし、予算委員会だって「国」の一機関である。言葉を厳密に使うのであれば、ここは「○○が政府（具体的には○○省）を相手取って訴訟を起こした」とか、「予算委員会で政府の責任を追及した」と言わなければならないところであるが、一般国民をはじめ報道機関はもとより政治家さえもその辺の認識が今ひとつである。私は若い頃、ハーバード大学の世界宗教研究所で学究生活を送ったことがあるが、その際、見聞きしたとある刑事事件の裁判──日本とは異なり、アメリカでは注目度の高い裁判はテレビ中継されることがあり、弁護士たちも陪審員やテレビの前の視聴者を意識してパフォーマンスを繰り広げる──の冒頭で、訴状が読み上げられる場面に驚いた経験がある。その裁判では、冒頭に判事が「ミスター○○（被告の氏名）対マサチューセッツ州の○○事件に関するトライアル（公判より価値中立的な表現）」と宣言した。

日本の場合、民事訴訟では「被告と原告」という用語が使われるが、刑事訴訟では単に「被告人」という言葉は使われても、検察サイドを原告とは呼ばない。しかし、刑事裁判においては、被告人は敗訴すれば、財産が没収され（罰金）たり、自由が奪われ（禁固）たり、強制労働（懲役）させられたり、場合によっては生命まで奪われ（死刑）かねないのであるから、ここはハッキリとさせておかなければならない点である。しかも、日本における刑事裁判では、いったん起訴されてしまえば、九十九・九パーセントの確率で「有罪」判決が出されるのであるから、被告人本人はもとより、裁判員も、メディアも、一般市民も、被告人は「誰と競って（トライアルして）いるのか」ということをより明確にしなければならないのに、その辺りがまことに曖昧なままで、単に「被告人はどの法律の何処に触れているのか」ばかりが関心の的になって裁判が進められているが、そもそも法律というものは国会で自由に改正もしくは廃止すらできるものなので、絶対的な正義ではないということが解っていない。

「戦後レジームからの脱却」を掲げる安倍政権の成立以来、「憲法改正」問題が具体的な政治課題となってきたが、皆さんはキチンと『日本国憲法』を読まれたことがあるであろうか？　第九条だけを金科玉条のように捉え、「これさえ遵守していれば、どの国も日本に攻めては来ない」などと国際政治のなんたるかをまったく理解していない平和ボケの人も多くいるし、場合によっては「憲法九条の章句をお題目のように唱えてさえいれば、たとえ日本語を解さない中東のテロリストさえ、その聖なる音色に感化されて和やかな気持ちになる」と、実際に「イスラム国」によって人質になった日本人が殺されているにも関わらず真顔で主張している連中もあって、狂信的カルト集団以下の単細胞人間である。しかしながら、先の章のモーセの『十戒』の部分で述べたように、あらゆる法律は、より優先度の高いものから順番に記述されるのが大原則であるから、日本国憲法にとっては、第九条よりも、第一条から第八条――つまり「天皇」にまつわる規定――のほうが、より重要であることは言うまでもない。もっと言えば、さらにその前に、この憲法の成立の経緯と理念について記した「前文」という句読点まで含めて六四三文字の一文があるので、そちらのほうがより重要度が高いとも言えよう。

『日本国憲法』とは、一九四七年五月三日施行されたこの前文と第一条から第百三条までの条文による成文憲法であるが、お手持ちの検索ツールを用いてテキストを検索すれば、お望みのあらゆる語句をあっという間に抽出できるので、皆さんも関心のある語句を検索されるといろんなことが判って興味深いから、ぜひお奨めする。因みに、『日本国憲法』に限らず、いずれの国でも、「憲法とは国家のあり方そのものを規定する基本法」であるにも関わらず、『日本国憲法』においては、「国民」という単語は三十七回も使用されているが、なんと「国家」という単語はたったの一回だけ、「政府」という単語もたったの二回しか使用されていない。しかも、「国家」も「政府」も登場するのは「前文」にだけであって、第一条から第百三条までの「本文」の部分には、「国家」も「政府」もまったく登場しない、実に不思議な憲法なのである。その意味で、『日本国憲法』という基本法は、国家というものについていったい何を言おうとしているのかよく解らない成文法であり、その憲法に基づいて、諸々の法律が立法されているのだから、善悪の判断は別としても、この憲法が国際的にはかなり奇妙な憲法であるということをまず理解いただきたい。

古代の日本人にとっての「クニ」とは「島」のこと

ここから先の話を進めていく上で、より議論の展開を明確にするために、私はこの問題について考える場合には、通常用いられている「国」という漢字ではなく、「クニ」というカタカナで表記させていただくことにする。その理由は、この後の論考を読んでいただけば直ぐにお判りになるであろう。つまり、「クニ」にはいろんな定義があって、ひとつの漢字では現しきれないものがあるからである。

最初に「記紀神話」の話から始めることにする。だからといって、私はここで紋切り型の「皇国史観」なんぞを展開するつもりではないことは、私の話をここまで読まれた方ならお解りになるはずである。私は二十年ほど前から「縄文からポケモンまで」というキャッチフレーズのもと、『レルネット』というウェブサイトで古今東西の出来事について論評してきたので、現代世界に惹起するさまざまな事象の「根」は古代から連綿と繋がっており、かつ、世界の諸文明からまったく隔離されたような文明も歴史も存在せず、それらは相互に影響し合っていると確信している。

『古事記』という八世紀初頭に律令国家によって編纂された年代記によると、一対の男女神であるイザナギとイザナミは、天上界からドロドロ（混沌）とした海を「天沼矛《あめのぬぼこ》」という長い槍でかき混ぜ[※5]、そこから滴り落ちた雫が降り積もって最初の「陸地」である「オノゴロジマ」と称する「島」を造り、そこで夫婦として交わって、「ヒルコ」と「アハシマ」という名の最初の二神を産み落とすが、この神々はまともに育たなかった（ハッキリと形成しなかった）ので海に流してしまい、再度「結婚」の儀式をやり直し、淡路島、二名島（四国）、三子島（隠岐島）、筑紫島（九州）、壱岐島、対馬、佐渡島、

※5　この話は、神話学的には「乳海攪拌《にゅうかいかくはん》」と呼ばれる類型に属する天地開闢神話で、同様のエピソードが古代インドの『マハーバーラタ』や『ラーマーヤナ』でも見られる。

大倭豊秋津島（本州）の八つの島々を産み出した。それ故、日本のことを「大八洲国」と呼ぶ。続いて、イザナギとイザナミは、吉備児島（現在は本州と地続きになって岡山県の児島半島）、小豆島、周防大島、姫島という瀬戸内海の島々と、知訶島（五島列島）と両児島（男女群島）という玄界灘のはるか沖合に浮かぶ島々の名前が具体的に記されている。つまり、日本の記紀神話において天地開闢時に神々が造った（産み出した）のは、旧約聖書の『創世記』のような山川や動植物や人間ではなく、他ならぬ具体的な「島々」すなわち「国土」(land) そのものであった。

一方、倭国の「統一戦争」に最終勝利した大和朝廷側にとっての「都合の良い歴史」として編まれた記紀神話だけでなく、敗れた側のひとつ出雲族の伝承が多く拾遺され、『古事記』や『日本書紀』とほぼ同時代に編纂された『出雲国風土記』においても、このクニの形成に関する面白い神話が紹介されている。皆さんも頭の中で、山陰地方の地図、具体的には、現在の西は出雲大社の辺りから八岐大蛇伝説のモデルとなった暴れ川斐伊川の河口デルタ地帯、それから宍道湖と松江市内を東西に貫通する何本かの水路、それに続く中海と鳥取県の境港の長い砂州（弓浜半島）を抜けて日本海の美保湾へと繋がる辺りを開いてみてほしい。日本列島「本体」と日本海を分かつ、日御碕から美保ヶ関まで小高い山々の連なった東西に数十キロ、南北に二・三キロの細長い「島根半島」が横たわっていることに気付かれるであろう。

実はこの「島根半島」は太昔は「島」であった。中国山地から流れ下ってくる斐伊川の堆積物がこ

地図１「島根半島の地形図」

の「島」と本土をくっつけて出雲大社の鎮座する辺りの平野を形成した。また、日野川からの堆積物が日本海の荒波に押し戻されて、長い境港の砂州となり美保湾を形成した。おそらく、何回かの氾濫が繰り返された後、これまでは三キロほど沖合に横たわっていた島が「本土」と地続きとなって半島となった。「国引き神話」と呼ばれている『出雲国風土記』の当該箇所を読んでみよう。「(出雲国)意宇郡」の地名の由来が紹介されている箇所である。

当初の出雲国は、八束水臣津野命《ヤツカミズオミツヌノミコト》によると、神々によって出雲国が造られた当初は、クニの形は東西に細長い「狭布」のような失敗作であったという。そこで八束水臣津野命は、「志羅紀(新羅)」と「北門佐岐(隠岐群島の南の島々)」と「北門裏波(隠岐島の北島)」と「高志(越国すなわち若狭湾の辺り)」の余った土地を裂き、四回にわたって「三身の綱をうちかけて、霜黒葛来るや来るやに、河船のもそろもそろに、くにこ(国来い)くにこと引き縫え」て「狭布の稚国(=出雲国)」に縫い合わせて、現在(=出雲国成立当時)の立派な出雲国となった。国引きを終えた三身の綱は稲佐の浜と弓浜半島になったそうである。そして、すべての国引きを終えた八束水臣津野命が「オウ!」という叫び声と共に大地に杖を突き刺したら、一斉に木々が生えてきて「意宇の杜」になったという興味深い伝承がある。

記紀神話とはまったく系統を異にする出雲神話においても、やはり、このクニは「島々」によって形成されたことになっている。私は、八束水臣津野命が力一杯三身の綱を引く場面の掛け声である「もそろもそろに、くにこくにこと……」という部分に注目している。現在の日本語のイメージだと「もそろもそろ」とは「そろりそろり」という感じであるが、アイヌ語では「モシリ」とは「島」(例えば、国後や利尻)あるいは「クニ」の意であるから、この「もそろ」が「モシリ」の訛り(あるいは、アイヌ語の「モシリ」が「もそろ」の訛り)であったとしたら、文字通り「島(land)」がたくさん集まったものが「クニ」であるということになるではないか……。

聖徳太子にとっての「クニ」

国家論についての話が、前章のイスラム帝国からいきなり記紀神話あるいは出雲神話に移ったので、読者諸賢の中には「さすがに神話を根拠にするのは……」と思われた方もいるであろう。しかし、世界中のあらゆる古代文明に「神話」が存在する以上、神話とは人類にとって不可避な世界認識であることは言うまでもない。否、二十一世紀という一見、科学文明万能の時代に生きるわれわれですら「原子力の安全神話」や「市場経済万能神話」をはじめ、多くの「神話」に彩られた生活を送っているのである。本来「神話」とは、ものごとを抽象化かつ客体化する能力を有するようになったホモサピエンスが認識した自然現象や民族・言語・文明などの様々な事象の理由を説明するために、天地開闢時における神々や文化英雄――最初の夫婦や神話中で火や船の作り方などを最初に人類にもたらしたとされるトリックスター――による一回限りの出来事として説明する物語であり、いわゆる原因譚である。また、これらの物語に記された内容は、その神話を集合的無意識下において共有する人間集団にとっては「不可侵な規範」として従わなければならないという性格を有するものであるから、決して「根も葉もない作り話」として軽視すべきものでないことは明らかである。

しかしながら、「国家論」について考察する際の根拠が神話だけでは心許ないと思われる人も多いであろうから、まず、日本人なら誰でも「この時点以後は確実な物証を伴う歴史的事象である」と思われているであろう聖徳太子の事跡を例に考察を進めてゆきたいと思う。第一章で論じたように、イスラム教の教祖であり、その後の西アジアの国際関係に大きな影響を及ぼすことになったイスラム帝国の創始者でもある預言者ムハンマド（五七〇年頃～六三二年）と、日本仏教の「教祖」であり、東アジアの国際関係における日本の地位を決定づけた日本国の「創業者」でもある聖徳太子（五七四年～六二二年）はほぼ同時代の人物である。この両者を比較して歴史を考察した人はこれまでほとんど存在しなかったが、宗教や国家という問題を考える上で、この二人を比較するのは実に有意義な方法論であると考える。因みに、太子の幼名がたまたま「厩戸皇子」であったことだけで、「馬小屋で生まれた」とされるイエス・キリストと聖徳太子を結びつける説があるが、私はそのような根も葉もないトンデモ話は一顧だにしない。しかも、「神話」であるはずの記紀が編纂されたのは、歴史上の人物である聖徳太子よりも百年も後の時代のことなのである。

聖徳太子という人物の行動を考える際に必ず押さえておかなければならないことは、三百数十年ぶりに中国大陸を統一した隋帝国（五八一年～六一八年）の出現と、律令制国家という隋帝国のシステムを継承し拡大した唐帝国（六一八年～九〇七年）である。中国大陸に群雄が四分五裂していた三国時代や十六国あるいは南北朝時代は、朝鮮半島やインドシナ半島や西域諸国にとってある意味、安穏としておられたが、強力な「統一中華帝国」の出現は、たちまち周辺諸国に緊張をもたらせ、各国に政治改革を伴う「近代化」を要求した。事実、たまたま隋帝国は二代三十七年の短期間で滅亡したから良かったものの「近代化」に失敗した周辺諸国は、それに続く「三百年帝国」である唐帝国によって併呑されていった。

聖徳太子という政治家は、まさにそのような時代に生きたのである。ここでいう「近代化」とは、もちろん、中国大陸の再統一を成し遂げた隋帝国のスタンダードである「律令制度」による中央集権国家体制と、インドから西域を通じて伝承された「仏教」という新しい世界宗教の受容である。聖徳太子は蘇我馬子らと謀り、朝廷内で対立していた「廃仏派」の物部守屋一族を誅殺し、戦勝への謝礼として四天王寺を建立した。六〇〇年から六一八年の間に五回も遣隋使を派遣——遣唐使が二百六十年間で二十回しか派遣されなかったことと比較すれば、遣隋使の回数の多さは特筆すべきである——し、六〇四年には隋制を模して朝廷に仕える官僚を十二等級に配列する「冠位十二階」の制度を制定。さらには、同年、『十七条憲法』を制定したと日本書紀に記されている。

『十七条憲法』というと、誰でもすぐに第一条の冒頭の「和を以て貴しと為し」という語句を思い浮かべて、「日本人は古代から何よりも調和を大事にしてきた」という時点で思考停止に陥っている。しかし、その直後に記されている「忤《さか》ふること無きを宗とせよ」が抜け落ちている。ここで言うところの「和」とはそんな甘いものではなく、「私(聖徳太子)が打ち立てた秩序に従え」という意味である。第二条の「篤く三宝を敬へ。三宝とは仏・法・僧なり」の部分も、それに続く「則ち四生の終帰、万国の禁宗なり」への理解が落ちている。「四生」とは、動物だけでなく草木やカビの類にまで至るあらゆる生物に当てはまる普遍的基準である。つまり、私(聖徳太子)は、日本のサバイバルのためにグローバルスタンダードを導入しやったのであるという意味である。そして、第三条の「詔《みことのり》を承りては必ず謹め」は、まさに第一条の「忤ふること無きを宗とせよ」を補完しているのである。

多くの人は、第四条から第十七条までは、内容どころか項目すらご存じないのに、漫然と『十七条憲法』について解ったつもりでいる。因みに、何故、条文の総数が十七条になったかと言えば、道教の影響を強く受けていた当時の宇宙観では、宇宙は陰と陽から構成されており、陰の最大数である八と、陽の最大数である九――それ故、九月九日を「重陽の節句」と呼ぶ――を合わせたら十七となるので、十七という数字は全宇宙の森羅万象を意味する聖数と信じられていたからである。

合計一〇八七文字からなる『十七条憲法』が何に関心を持って編纂されたかは、前章で『日本国憲法』の内容を分析した時と同じ手法、すなわち、特定の用語の使用頻度数をパソコンで検索すれば容易に判明する。最初に「クニ」という言葉を検索してみた。『十七条憲法』では、八回登場する。その中で一番多く用いられたのが「国家」という単語で三回。それから、「万国」が一回と、地方長官である「国司」と「国造」が各一回。そして、「国に二君非ず」という表現と「何を以て国を治むる」という表現があるが、ここでいう「クニ」は実質的には「国家」の意味である。全部で百三条からなる『日本国憲法』において、「国家」という単語が「前文」にたったの一回しか登場しないことと比べても、『十七条憲法』がいかに「国家」について真剣に考えているかを皆さんもお判りだろう。

同様の方法で、キーワードを検索すると、「君」が五回、「臣」が十回、「官」が六回、「民」が九回登場することから鑑みても、この憲法は、君臣関係そして官民関係について規定した憲法であることは明白である。このように、国家の統治者と被統治者――因みに、古代中国のおける「民」という象形文字の原義は、人民の目を針で突き刺して盲目にして奴隷労働させたことに由来する――をしっかりと判別し、かつ、その統治機構のあり方を問題にしているのであるから、聖徳太子における「クニ」とは、まさに「統治機構（システム）」としての国家（＝国体）のことであり、英語で言えば「state」のことであった。また、「統治機構」という単語をそのまま英訳すると「constitution」という単語が出てくるが、この「constitution」とはまた「憲法」というふうにも翻訳される言葉であって、まさに、この「統治機構」のあり方を問題としていた聖徳太子が自ら制定した国家の基本法に「憲法」という言葉を選択したことは、太子の並外れた見識であったと言えよう。また、これらが可能になったのは、もちろん、聖徳太子の優れた才能のなせる技であったのと同時に、最初に述べた隋帝国の成立が周辺諸国への大きなプレッシャーをかけたことは言うまでもない。ただし、この国家が、自国のことを「日本」と自称するようになるのは、遣唐使の時代に入ってからである。

異色の天皇――桓武帝

さて、ここで時代は二百五十年ほど下って、話の主人公は第五十代目の桓武天皇となる。桓武天皇と言えば誰でも、小学生だか中学生の頃に「鶯泣くよ平安京」――私の世代では「泣くよ坊さん平安京」だったが――と、七九四年の平安京遷都の年号と共に初めて語呂合わせで歴史的出来事を覚えた記憶と共にある人物である。しかし、この桓武天皇は、歴代天皇の中では十指に入るほど有名な天皇であるにもかかわらず、かなり変わった人物であるとは、この比叡山延暦寺所蔵の肖像画を見ても判る。もし、肖像画のタイトルを知らされずに「この人は誰ですか?」と尋ねられたら、十人中九人までが「中国の皇帝の誰か」と答えるであろう。その竜顔（天子の顔貌）はおろか装束（袞衣・冕服）や冠（冕冠）、椅子に至るまで、ことごとく「中華風」である。かろうじて背後に日月が描かれていることに気付いた人が「ひょっとして〇〇天皇かも……」というくらいであろう。

　桓武天皇から遡ること十代……。壬申の乱（六七二年）に勝利し、飛鳥浄御原宮で即位した第四十代目の天武天皇（大海皇子）こそが、ある意味「日本」という国の建国者であると呼んでも良い。天武天皇は、天皇親政の強いリーダーシップの下、「八色の姓」を定めて古代からあった氏姓制度を帰化人や新興豪族を含めて再編。本格的な律令の導入の元になった「飛鳥浄御原令」の制定。わが国初の条里制を採用した藤原京の造営。『古事記』『日本書紀』の編纂開始。伊勢の神宮における式年遷宮制度の確立と、皇后であり、かつ、天武帝崩御後に自ら即位してその改革を完成さ

桓武天皇像（比叡山延暦寺 所蔵）

せた持統天皇（鸕野讃良皇女）と共に、白鳳時代から奈良時代へと続く時代の天皇は皆、この天武天皇の血を引いた者が即位してきた。天皇崩御時に適切な男子（皇太子）が居ない場合でも、天武帝の男系を維持するために五度にもわたって女帝がワンポイントリリーフに立てられた。例えば、天武帝の正統な後継者であった草壁皇子の早過ぎる死（享年二十六）によって、草壁皇子の息子で持統女帝の皇孫である軽皇子（後の文武天皇）に皇位を継承するという状況を正当化するために、天照大神は息子の天忍穂耳尊《アメノオシホミミノミコト》ではなく、その息子（孫）の瓊瓊杵尊《ニニギノミコト》に「葦原中国（＝日本）」を統治させるという記紀神話の「天孫降臨」の物語が創作されたと言ってもよい。

こうして、「あをによし奈良の都は　咲く花のにほふがごとく　今盛りなり」とまで詠まれ、極彩色の大寺院の伽藍が甍を並べ、大陸や半島諸国からの使節を迎え入れるにも恥ずかしくないほど繁栄した奈良の都であったが、天武帝の男系血統を維持するためとはいえ、度重なる女帝の治下で恵美押勝の乱をはじめとする政変も続き、当時最大の有力者であった藤原不比等を外戚に持つ、聖武天皇の皇女として二度登極した称徳女帝が崩じると、天武天皇の血統を継ぐ男系の皇子が不在となってしまったので、聖武帝の第一皇女でありながら母の身分が低いため五歳にして伊勢の神宮の斎宮に任じられて（つまり皇位継承レースの「圏外」）いたことが幸いして、政治的に「無傷」であった井上内親王の配偶者であり、天武系全盛の時代には「傍系」としてノーマークであった――「先帝」である称徳女帝からは八親等も離れている――第三十九代天智天皇の皇孫である白壁王が「光仁天皇」として致し方なく皇位に登った。何故なら、この白壁王が五十二歳という高齢で井上内親王との間に設けた他戸王が、女系ながら天武帝の血統を受け継ぐ唯一の男子となったので、この他戸王を将来皇位に就けるために、称徳女帝崩御時の遺言に従って、七七〇年、白壁王が六十二歳という高齢で登極して光仁天皇となり、井上内親王に皇后宣下、十歳の他戸王に立太子宣下を賜ったのである。

しかし、その二年後、光仁天皇は、皇后(井上内親王)が「呪詛による大逆を図った」と難癖をつけて廃后。それに連座して他戸親王も廃太子として、帰化人の子孫である高野新笠との間に設けた山部親王を皇太子の地位に就けた。この山部親王こそ後の桓武天皇である。高野新笠の十代の祖先は、後に第二十五代百済王となった武寧王である。武寧王は継体天皇の時代、四十一歳になるまで長年、人質として倭国で暮らしていた経験があり、その時の設けた子孫が六世を経て帰化し、「高野朝臣」姓を賜ったのである。であるから、その後、七十六世を重ねる皇統にも、女系にしてごくわずかではあるが、百済人の血も含まれていることになる。そして、この武寧王の子である聖明王こそが日本に仏教を公伝させた人物である。

こうして、多くの偶然的な要素が関わって四十四歳にして皇位に就いた桓武天皇であるが、即位するとすぐに、後の時代に大きな影響を与えた事跡を数多く行った。桓武帝は、天武帝同様、歴代の天皇の中では数少ない「親政」を行った天子である。奈良時代を通じて「鎮護国家」という名目の下、国家権力と結び肥大化した興福寺・薬師寺・東大寺・元興寺・大安寺・唐招提寺などの「南都六宗」の影響力を嫌い、また、天武系の勢力が強い奈良盆地を避けて、帰化人の勢力圏にあった山背国——当時の呼称は、首都である大和国から見て北側の山の背後にあったので「山背国」と呼ばれたが、平安遷都後は「山城国」へ改称——への遷都を計画した。しかし、この営みは一筋縄ではいかなかった。この章の最初に、子供の頃「泣くよ坊さん平安京と、七九四年の平安京遷都の年号と共に初めて語呂合わせで歴史的出来事を覚えた記憶と共にある天皇」として桓武天皇のことを紹介したが、「咲く花のにほふがごとく今盛りなり」と歌にまで詠まれた繁栄を謳歌した平城京からの遷都は、抵抗勢力も多く口で言うほど簡単ではなかった。

一説には、飛鳥時代以来、二百年間にわたって近くに大きな水源のない大和盆地で都を営んできたこと自体に無理があったとも言われる。それ故、この時代、短期間ではあるが、国際港である難波津と淀川の水運が便利な摂津国の難波宮に何度も遷都しては大和盆地へ還都を繰り返している。中大兄皇子(天智天皇)と中臣鎌足(藤原鎌足)が蘇我入鹿を討った宮廷クーデターである六四五年の「乙巳の変」の直後、孝徳女帝の下で「大化の改新」が断行されたのも難波板葺の宮(前期難波宮)であったし、天武天皇も難波宮を副都として使い分けた(六八六年に焼失)し、聖武天皇の時代にも新たに瓦葺きの難波宮(後期難波宮)が建造された。しかし、中国大陸に強力な統一帝国が出現したことが、東アジアの周辺諸国に脅威をもたらせたことは前述したが、その意味では、瀬戸内海航路を東進した軍船が簡単に上陸できる河内（大阪）湾の難波宮から都を内陸部へと遠ざけた。生駒・金剛の山々を隔てた大和盆地が国家安全保障上の適地であったことは、神代の昔、かの神武天皇が九州から瀬戸内海を東上し、河内湾から生駒山を越えて大和盆地入りを図るも、先住民（蝦夷?）の長髄彦に敢えなく撃退され、紀伊半島を迂回して熊野方面から八咫烏に導かれて無事大和盆地入りし、長髄彦を打ち破って橿原宮で初代の天皇に即位したという「神武東征」神話からも明らかである。因みに、河内平野の東端、生駒山地に駆け上がる地点の地名は「石切」であるが、アイヌ語の「イシクリ」とは「脚が長い」という意味である。長髄彦と奇妙に符合する。

「日本の範囲」を決めた桓武天皇

七八四年、桓武帝は即位後わずか三年にして、平城京から十里の北方で桂川・宇治川・木津川の三川が合流して淀川となる極めて水運の良い山背国改め山城国の長岡京に遷都を断行した。当時の遷都は、宮殿や官庁の建物、貴族の館などは解体して新しい都で再度組み立てる方式が一般的であったが、住み慣れた平城京の屋敷を解体することを嫌がる勢力を懐柔するため、後期難波宮の宮殿や館の建材を淀川の水運を利用して長岡京まで運搬したそうである。こうして、奈良時代以前はどちらかと現在の大阪市の南部（難波から住之江）方面にあった港湾機能が、淀川沿いの大阪市北部（天満から中之島）方面へと移動した。

しかしながら、長岡京への遷都責任者であった中納言藤原種継が暗殺されるという事件が発生し、陸奥按察使・鎮守府将軍として陸奥国に派遣されたもののこの暗殺事件の直前に死去していた大伴家持が首謀者とされ、五世紀以来の名門豪族であった大伴氏一族が悉く斬首もしくは流刑となった。桓武帝の即位と同時に、還俗して皇太弟の位に就いていた同母弟の早良皇子も南都の大寺との関係が強かった関係で、この事件に連座して廃太子の上、淡路へ流刑となったが、途中、長岡京と難波京の中間地点で、食を拒絶して憤死するという大事件となった。

その後、桓武帝の関係者が次々と病死、相次ぐ洪水や疫病の流行があって、これを早良皇子の怨霊の祟りによるものという風評が立ち、何度も鎮魂の儀式が執り行われ、十五年後には、ついに「崇道天皇」と追称され、亡骸は大和国へと移葬された。その結果、せっかく遷都した長岡京はわずか十年にして放棄され、七九四年にあらためて、風水的にも「四神相応の地」と言われる平安京へと再度、遷都したのである。しかしながら、このとき、当の桓武帝自身も含めて、この平安京がその後、千年以上の長きにわたってこの国の帝都として栄えようとは、想像すらしなかったであろう。

他にも、桓武天皇は、唐より帰朝した新進気鋭の最澄や空海を重用し、「新しい仏教（後の天台宗と真言宗）」をもって、莫大な資産と強大な政治的発言力を有していた「古い仏教」である南都六宗に対抗させたが、やはり、桓武帝の事跡として最大のものと言えば、坂上田村麻呂を陸奥按察使・鎮守府将軍等を経て最終的には征夷大将軍に任じて、未だ朝廷に服《まつろ》わぬ蝦夷を討たせたことである。神武天皇の東征の頃には、大和盆地にまで蝦夷の残存勢力と考えられる「長髄彦」たちが居たが、この時代には、蝦夷たちは諏訪地方より東の関東から東北の辺りにまだ大勢いた。

このことは、弥生時代の水田稲作文化の東漸と関係するのである。平野と河川の存在を絶対条件とする稲作は、九州から入って、中国、四国、近畿地方を経て、濃尾平野辺りまでは急速に普及したが、高い山々が連なる中部地方を越えて関東平野にまで伝わったのはかなり後代のことである。品種改良の進んだ現代では、新潟や秋田、さらには北海道が米所として有名であるが、もともと、東南アジアモンスーン気候系の作物であった稲は、当時の技術では、寒冷な東日本で栽培することはかなり困難であり、必然、東日本はまだまだ狩猟採取生活が基本の蝦夷の勢力圏であり、水田稲作が政治制度や祭祀の基本である大和朝廷の勢力圏はかなり限られていた。

ところが、この坂上田村麻呂が、文字通り「征夷大将軍」として現在の宮城県・岩手県辺りまで侵攻して、それまで原住民に連敗続きだった官軍を大勝利に導き、現地にいくつかの出城を造り、蝦夷の長であった阿弖流爲《アテルイ》を捕らえて、平安京まで連行してこれを斬首し、まさに「陸奥」までを朝廷の実効支配地域とした。この「陸奥国までが日本である」という認識は、その後、八百年間にわたって「日本の領域」の北限は陸奥国（青森県）で南限は薩摩・大隅国（鹿児島県）であり続けた。また、平安時代になってちょうど百年が経過した八九四年に、それまで三百年間にわたって数十度派遣され続けた遣隋使・遣唐使・遣新羅使・遣渤海使などの外交使節団の派遣が廃止され、仮名文字の普及や物語文学など日本独自の国風文化が揺籃されたことはいうまでもない。まさに三百五十年間に及ぶ、日本史上にも稀な「平安な時代」が続くのである。

因みに、戦国時代が終わりを告げる頃、津軽半島に居た蠣崎氏が「蝦夷地」と呼ばれた北海道南端部に進出し、太閤秀吉から所領安堵され、引き続き江戸幕府からも「松前藩」として認可され、内地との交易を中心に蝦夷地の経営に尽力したが、十八世紀末にロシアの艦船が蝦夷地にたびたび上陸するようになり、北方の海防の必要性を痛感した幕府は、一八二五年、諸藩に対して「異国船打払令」を発し、奥羽諸藩に命じて蝦夷地に出兵させ、北海道の西半分を天領として直接経営することになった。また、この時期、伊能忠敬に命じて、精密な測量を行わせたことは有名である。

このように、桓武天皇およびその治世は歴代の天皇の中では極めて特異な例であったと言える。因みに、歴代天皇の「漢風謚号」で「武」の文字が入っているのは、軍事侵攻によって九州から畿内に入った初代の神武天皇と、古代日本の律令国家体制を確立させた天武天皇と、その孫で、天武帝の子孫に皇位を独占させるために十四歳で皇位についた文武天皇と、その息子で仏教国教化を完成させた聖武天皇と、そして、平安京を築き、日本に千年の安定をもたらせた桓武天皇、さらには第二十五代の武烈天皇の六人だけである。[※6] 古事記・日本書紀の編纂を行ったのが、天武帝の皇子の舎人親王であったことから、「天孫降臨」の神話にしても、「神武東征」の神話にしても、天武・持統朝の支配を正当化するために「創作された」要素が多く、逆に、末弟であるにもかかわらず皇位に就いた「神武天皇」という人物は、現実の世界における覇者であった「天武帝」がモデルであったとも考えられる。

また、神武天皇から第四十四代元正女帝（文武天皇后）までの漢風諡号は、天智帝の玄孫で、光仁・桓武朝で大学頭や刑部卿を歴任した淡海真人三船によって一括撰上されたもので、歴代の天皇が存命中にそのように呼ばれた訳ではない。天子の崩御後に贈られるこの漢風諡号には、それぞれ意味があって、平安末期から鎌倉時代初期にかけて武家政権によって弑逆された第七十五代の讃岐院改め崇徳院、幼少期に平家と共に壇ノ浦で入水した安徳天皇、隠岐院改め顕徳院（いわゆる後鳥羽院）、佐渡院改め順徳院と、流罪先で非業の死を遂げた天子たちの怨霊を怖れて、漢風諡号（こ

※6　皇統譜における武烈天皇は特異な人物である。巨大な墳墓の建造で中国にもその存在を認知させた河内王朝の基礎を作った第十六代仁徳天皇の四世の子孫で、この王朝を終わらせた武烈天皇から皇位を簒奪した十親等も疎遠な若狭王朝の継体天皇の即位を正当化するために、武烈天皇の姉妹である手白香皇女を后に迎え、日本書紀に置いて武烈天皇の悪行を羅列させている。

の頃は院号）に「徳」の字が使われているのも興味深い。

三百五十年間「死刑」が一度もなかったクニ

桓武天皇が山城国に平安京を築いた際に、国家権力と結びつき強大になりすぎていた南都の「伝統仏教」を押さえるために、最澄や空海が唐から持ち帰った「新しい仏教」を応援したことは前節で述べたが、特に最澄は平安京の鬼門（北東）の方角にある比叡山に延暦寺を開き、千年の長きにわたって王城の地を霊的に守護することになった。因みに、「延暦」という時の元号を寺号にすることが許されること自体、朝廷が認めた「当代随一の寺院」ということを意味する。同じような例は、鎌倉幕府の執権北条時宗が建立した建長寺や江戸幕府の将軍徳川家光が建立した寛永寺などが挙げられる。こうして、天台宗の開祖となった最澄は、朝廷から最初の大師号である「伝教大師」という位号を賜ることになった。

因みに、わが国で朝廷から大師号を賜った高僧は、天台宗が伝教大師（最澄）以下六名、真言宗が弘法大師（空海）以下七名、融通念佛宗が聖応大師（良忍）、浄土宗が円光大師（法然）、浄土真宗が見真大師（親鸞）と慧燈大師（蓮如）、時宗が証誠大師（一遍）、臨済宗が無相大師（関山慧玄）以下三名、曹洞宗が承陽大師（道元）以下二名、黄檗宗が真空大師（隠元）、日蓮宗が立正大師（日蓮）の述べ二十五人であり、そのほとんどが一宗一派の開祖である。中には、法然のように、浄土宗が徳川家の菩提寺であったため、朝廷が気を遣い、東山天皇以後、五十回忌毎に「大師号」を勅賜し、八百遠忌(二〇一一年)の際に賜った「法爾大師」に至るまで、合計八回も大師号を拝受している。

本来ならば、大師号は一宗を起こすような高僧への普遍的な尊号であるにもかかわらず、後の時代に「お大師さま」と言えば、自動的に「弘法大師」空海を指すようになった──同様の例は、「太閤」(子息に摂関の位を譲って引退した前関白の唐風尊称)と言えば豊臣秀吉、「黄門」(引退した前中納言)と言えば水戸光圀を指す──が、空海以外のほとんどの「〇〇大師」たちは弘法大師ゆかりの高野山ではなく、なんらかの形で比叡山と関わりがあった(若い頃、天台宗で修行した)のが皮肉と言えば皮肉であるが、そのことはさて置くとして、日本仏教各宗派に対して、天台教学が与えた影響は計り知れないほど大きいことは言うまでもない。

中でも、日本仏教に独特の「本覚」思想というものがある。この「本覚」という概念は、個々の具体的な人間は、生まれ育った環境の違いによって煩悩まみれの生活を送っている者も多いが、本来は衆生の誰もが仏性を具えている。すなわち、誰でもが悟りの境地に至ることができる(「一切衆生悉有仏性」)という、およそ上座部の仏教とは正反対のテーゼを立てている。天台教学は、ここからさらに独自の発展を遂げ、最終的には世界の諸宗教と比較してもまことにユニークな、人間や有情(感情を持つ動物)だけでなく、草木や大地といった感情を持たないもの(無情)に至るまですべて成仏できるという「草木国土悉皆成仏」という独特の思想が展開されてくる。このことには、おそらく太古から日本人の間に存在した、大きな岩や巨木をも「カミ」として仰いだアニミズムという背景があることは間違いない。だから、神道は仏教にも大きな影響を与えているのである。

さて、遣唐使の廃止後、「クニを閉じる」ことによって二百五十年間の長きにわたって「平穏な時代」を享受してきた平安時代であったが、桓武帝の第一皇子として皇位に就いた、第五十一代平城天皇（安殿親王）は多くの反動政策を行い、病気のためわずか在位三年で皇太弟賀美能親王（嵯峨天皇）に譲位した後も、妃の実母であった藤原薬子を寵愛し、平城京への「還都」を試みた――それ故「平城天皇」と諡号された――ということもあった。この混乱の後を受けて登極した嵯峨天皇は、平城上皇と自分自身への支出で不足する国家財政を安定させるために、多くの皇子を臣籍降下（いわゆる「嵯峨源氏」の家系）させただけでなく、現在ならば官房長官に相当するような蔵人頭という官職を新設し、これに藤原北家の藤原冬嗣を当て、百年前の『大宝律令』や『養老律令』を再構成した『弘仁格式』を八一八年に制定するという改革をなした。

イスラム法においても、年代が下るに従って、ムハンマドが直接アッラーから啓示を受けたとされる「クルアーン」以外にも、彼の言行録をまとめた「ハディース」が「スンナ（慣行）」に次々と加えられ、「シャリーア」の法源となる資料が複雑化するのは人の世の常である。この『弘仁格式』の制定により、わが国は、世界最初の死刑制度が廃止された国家となった。この次に死罪が執行されたのは、なんと、平安時代末期に、皇族・摂関家・源平それぞれが真っ二つに分かれて、骨肉相争った一一五六年の保元の乱の戦後処理に至るまで、なんと三百五十年近くにわたって一件の死刑も執行されなかったことは特筆に値する。

こうして、親政を行った嵯峨天皇の右腕となって正三位大納言として太政官を総理し、『弘仁格式』を編纂した藤原冬嗣は、氏の長者として右大臣を経て正二位左大臣左近衛大将と異例の昇進を遂げた。続いて、冬嗣の次男藤原良房は、嵯峨天皇の皇女を妻とし、順調に昇進を重ね、右大臣の時(八五〇年)、娘明子を文徳天皇の女御として入内させ、同年、明子は第四皇子惟仁親王を出産するが、この親王はわずか生後八カ月で立太子された。また、八六六年の「応天門の変」を利用して、古代からの名門貴族であった大伴氏は、正三位大納言の要職にあった伴善男をはじめ九名が連座して遠国へ流罪。併せて紀氏からも三名が流罪となったのをはじめ、良房の時代には、同族の藤原氏内においても北家以外の式家・京家・南家は権力の圏外に追われた。また、『続日本後記』や『貞観格式』など、国家にとって重要な国史や法令の編纂を行い、従一位太政大臣であった八五八年に、わずか九歳であった惟仁親王を清和天皇として即位させ、それまでは皇族しか就けなかった摂政の地位に人臣としてはじめて就いた。以後、藤原北家の一統がその娘を時の天皇に入内させ、その産んだ皇子を幼少期に即位させ、当人は天子の外戚として摂政や関白あるいは内覧の位に就き、権力を独占するという、いわゆる「摂関政治」の時代が二百年間ほど続くことになった。

「治天」——誰がクニを統べるのか？

このように、天子とは異なる人（摂関）が政治の大権を掌握するという極めて日本的な政治形態——欧州でも、中東でも、中国でも、時の帝王を凌駕する実力者が出現した場合、猿山のボスと同じで、その人物が帝王に取って代わる（王朝交替）のが一般的なので、帝王は常に実力ナンバーワンである——が安定的に存在し、国家権力の独占者である中華皇帝の統治をモデルに制定された公地公民制は荘園制へと移行して、律令国家体制は事実上、完全に崩壊していた。というより、日本では、都がまだ飛鳥にあった時代（七〇一年）に成立した『大宝律令』の制定直後から、その後、明治期に至るまで継続した参議・中納言・按察使をはじめ、平安京への遷都を断行し、陸奥まで朝廷の実効支配を拡げた桓武天皇の時代には、征夷大将軍や勘解由使などの地方統治の監督職、さらには、嵯峨天皇の時代には機密文書を扱う蔵人所も置かれるなど、次々と「日本という身体」に合わせて、「律令という唐製の着物」をリフォームして行ったが、その最たる者が、「臣下」である藤原北家が、「君主」たる天皇に代わって、摂政・関白・内覧として、政治大権を行使する摂関政治であった。

しかしながら、この摂関政治も、藤原北家内部での争いが生じていた一〇六八年、百七十年ぶりに藤原北家を外戚に持たない尊仁親王（生母は三条天皇の第三皇女禎子内親王）が後三条天皇として即位すると、状況が一変した。皇子の貞仁は、父帝後三条天皇の即位と同時に十五歳で親王宣下を受け、翌一〇六九年には立太子、そして一〇七三年、二十歳で即位し、白河天皇となった。この頃、摂関家内部での主導権争いがますます熾烈を極めており、「藤原氏の長者」すら自律的に決めることができなくなって、白河天皇の裁断を仰ぐということになったのがきっかけで、天皇の外戚である藤原北家が「次の天皇」を決め、摂政・関白・内覧として政治を壟断するのではなく、一時的にせよ、天皇自身による「親政」が回復した。白河帝は、一〇八七年、わずか八歳の善仁親王を立太子させ、即日譲位し、堀河天皇が誕生した。だが八歳の幼君に政治が執れるはずはなく、太上天皇(上皇)となった白河院が「治天の君」として、引き続き政治大権を執行した。いわゆる「院政」の始まりである。

こうして、二百年続いた「摂関政治」は終わりを告げ、この後百年間は「院政」の時代となる。ただし、天子の母系である外戚(藤原北家)が摂政・関白・内覧として政治大権行使することから、天子の父系である上皇が「治天の君」として政治大権を行使するシステムへと路線変更があったとはいえ、天子以外の人が政治大権を行使するシステムという点では、極めて「日本的」であるといえる。これに加えて、ちょうど、南都の大寺が発言力を持ちすぎたことが平城京の終焉の原因となったように、平安時代末期には、南都の興福寺に加えて北嶺の延暦寺や園城寺といった天台宗の大寺が「強訴」と称して、政治へ介入することも常態化してきた。この王家・公家・大寺院という三大勢力が入り乱れて覇を競った平安時代末期の政治状況を「権門体制」と呼び、いよいよ中世の幕開けとなって行くのである。

摂関政治の時代、律令体制下では各地の地方長官として徴税権限もあった「国司」は、名目上の存在となり、公家は、たとえ任官されても実際には現地へ赴任せずに都に留まる(遙任)ようになった。奈良時代の中期に制定された「墾田永年私財法」以来、どんどんと「荘園」の割合が増えていったが、同時に、豊かな耕作地のほとんどは、形式上、有力な権門にその領有権を寄進することにより、中央政府の地方機関である国衙からの租税の徴収や田地への立ち入り検査を認めない「不輸不入の権」を有する皇室・摂関家・大寺院などの「荘園」と化したが、全国に散らばるそれらの荘園を実際に管理するのは、役人として地方へ派遣されたまま土着化した下級公家や武装勢力へと移っていった。しかしながら、地方における「実効支配」という「実態」だけでは、まだまだ「武家政権」と呼ぶことはできないのである。形骸化したとはいえ、この時代はあくまで、律令体制下の朝廷だけが「唯一の政権」なのである。

武士は辺境の東国ではなく、都で成立した

「武士」とは、そもそも如何なる存在であろうか？　一般に「武士」と言えば、「源平に始まる同族的

武装集団」と捉える向きが多いが、答えはそれほど単純ではない。源氏や平氏よりも何百年も前から朝廷の五衛府に使える武官という職業(公務員)は存在した。もちろん、合戦や戦乱は人類の諸文明にとって普遍的な現象であり、数千年前にメソポタミアで人類最古の都市国家が始まった時点から「戦争」はあった。「人殺し」にいたっては、旧約聖書の『創世記』にアダムとエバの最初の子供であるカインが弟のアベルを殺しているように、「人類」という言葉と「殺人」という言葉は、ほぼ同義語であると言っても過言ではない。それ故、古代オリエントにも、古代中国にも、当然、大和朝廷にも「武官」は存在した。しかし、彼らは給与を貰っていた「武人」であったとしても、決して「武士」ではない。平安時代の後期には、地方(特に、桓武帝以後「日本」に組み入れられた「東国」)においては、相当な土着武装勢力が存在し、彼らの多くは、人民から「私的な徴税」もしていた。しかし、彼らも、「武者」ではあったとしても「武士」ではない。もちろん、「日本」の版図を陸奥国にまで拡大させた「征夷大将軍」坂上田村麻呂も、律令体制下の「武官」ではあったが「武士」ではなかった。

逆説的に聞こえるかもしれないが、「武士」という階層は、東国の辺境ではなく、中央(平安京)で成立した。そもそも、平氏も源氏もどこの馬の骨か判らぬ在野の武装勢力などではなく、「由緒正しき天子の末裔」である。平氏は、数多いた桓武天皇の皇孫のひとり高棟王らが臣籍降下して、平高棟(最終官位は正三位・大納言)となり、その数代の子孫たちから各地の「平氏」が出現した。中でも、上総介として国司に任じられた高望王は三人の息子を連れてそのまま関東に定住した。その嫡男平国香の孫平維衡は伊勢平氏の祖となった。この伊勢平氏の五代目の子孫が、武家として初めて太政大臣にまで上り詰め、「平家にあらずば人にあらず」とまで一世を風靡した平清盛である。また、高望王の三男で従四位下・鎮守府将軍となった平良持の三男が、一時期であるが関東全域を制圧し「新皇」を僭称した平将門である。

その一方の源氏と言えば、桓武帝の玄孫である清和天皇の皇孫経基王が臣籍降下して源経基（最終官位は正四位上・鎮守府将軍）として、東国での平将門の乱や西国での藤原純友の乱の鎮圧で注目を集めた。この源経基の嫡男源満仲（最終官位は正四位下・鎮守府将軍）が藤原摂関家に仕え、摂津国を拠点として源氏繁栄の礎を築いた。その嫡男が、渡辺綱や坂田金時ら四天王を従えて「大江山の鬼退治」で有名になった源氏のスーパーヒーロー源頼光である。もちろん、源頼光の数々の武勇伝は、後年、源氏政権が成立した後、「武士としての源氏の始祖」として逆進的に創作された武勇伝であることは言うまでもない。

だが、史実の源頼光は、三人の娘を三人の天皇に次々と入内させ、内覧、摂政、太政大臣を歴任し、「この世をば わが世とぞ思ふ 望月の 欠けたることも なしと思へば」とまで詠んだ摂関政治の権化とも言える藤原道長に取り入って、摂津国はもとより畿内に近くて豊かな伊予国や但馬国の受領（現地赴任官の筆頭）として大いに蓄財し、従四位下・左馬権頭として殿上人にまで昇進した。

この源頼光の弟で河内源氏の祖となった源頼信も藤原道長に仕え、従四位下・鎮守府将軍まで昇進したが、甲斐守として赴任時に関東での乱の平定に功績を挙げ、東国支配の基礎を築いた。この源頼信の孫が東国での源氏の地位を不動のものにした「八幡太郎」こと源義家（正四位下・鎮守府将軍）である。そして、その曾孫である源頼朝が正二位・右近衛大将・征夷大将軍として鎌倉に初めての武家政権を開いたのである。

こうしてみると、「武士」とは、決して「どこの馬の骨か判らない連中」が成り上がった地方の武装集団のことではなく、平氏にしても源氏にしても、「やんごとなき血筋」に連なる人々の子孫が、律令体制における地方長官であった国司──国司が遙任の場合は、それに代替する受領──や鎮守府将軍として一定期間地方行政の責任者となった者や、摂関家や院政期には上皇に資金力を武器として取り入り、中央での藤原氏内部の勢力争いや「治天の君」や皇位継承をめぐる皇族間の争いに「暴力装置」という形で荷担していった「貴族の末席」にいた人々のことである。しかも、彼らはあくまで「殿上人」であって、「地下の侍」ではなかった。ただし、平清盛の全盛期のように、朝廷中枢部の要職がほとんど平家一門で独占されようとも、それを「武家政権」と呼ぶには、まだ「条件」を完全にクリアしていないのである。それは、「古い公家」である摂関家（藤原北家）に「新しい公家」である伊勢平氏が取って代わっただけのことである。その意味では、本格的な「武家政権」は、いわゆる「鎌倉幕府」の登場を待たなければならない。

ただし、私は本書において、無批判に「鎌倉幕府」という言葉を使うつもりはない。われわれの世代（昭和三〇年代生まれ）は、小学校や中学校で「泣くよ（七九四）坊さん平安京」と習ったと同様に、源頼朝が征夷大将軍に任じられた年を「いい国（一一九二）作ろう鎌倉幕府」として鎌倉幕府の成立年を建久三年（一一九二年）と習ったが、近年の『社会』や『日本史』の教科書には、「鎌倉幕府の成立は、源頼朝が守護・地頭を設置した一一八五年（いい箱）」というように変更されている。理由は後に述べるように、私もこの一一八五年（文治元年）という年号を重視しているが、「鎌倉幕府」という名称に関しては疑義を抱いている。歴史上の文献で、京の都の朝廷に対峙して、東国に成立した武家政権のことを「鎌倉幕府」として初めて記載したのは、その五百年以上も後の江戸中期になってからである。「鎌倉幕府」とは、徳川幕府が自己の武家政権の正当性を立証するために創り出した政治用語である。同時代を生きた京の後白河法皇や摂関家をはじめとする公家たちはおろか、その武家政権の首班である源頼朝以下、御家人たちに至るまで、誰一人として彼ら自身の政権のことを「幕府」とは呼んでいないからである。

ならば、当時「鎌倉幕府」のことは何と呼ばれていたのか？　朝廷内では、単に「関東」と呼んでいた。また、この政権の首班である源頼朝は「鎌倉殿」と呼ばれていた。もちろん、源頼朝と御家人たちとの主従関係も「私的な主従関係」と認識されていた。そして、源頼朝の没後は、その後継者のことも「鎌倉殿」と呼ぶようになった。一般的には、朝廷によって任じられた「征夷大将軍」の官位が「鎌倉殿（幕府の首班）」の地位を公的に担保するものと考えられているが、それは間違いである。頼朝自身、一一九二年に征夷大将軍に任じられる前から「鎌倉殿」と呼ばれていたし、頼朝の後継者である次男源頼家は、家督を継いで「鎌倉殿」になって三年後に征夷大将軍の宣下を受けた。また、三代将軍源実朝が暗殺されてから、七年後に九条頼経が四代将軍の宣下を受けるまでの六年間は、頼朝の妻であった北条政子が「鎌倉殿」としてこの政権の首班であったことからも明らかである。実際に「鎌倉殿」の地位を公的に担保していたのは、一一九〇年（建久元年）に頼朝が獲得し、かつ「鎌倉殿」に世襲することが認められた「追捕使（後の守護）」と「地頭」の任免権者としての「日本国惣追捕使」と「日本国惣地頭」の地位である。

国家とは「統治しようという意志」である

以上が、私が「一般に普及している鎌倉幕府という名称を無批判に使いたくない」と書いた理由であるが、あまり厳密に用語を規定しすぎると読者がかえって解りにくくなるので、本書においては、上記の批判を踏まえた上で、関東の武家政権に対して、便宜上「鎌倉幕府」──「室町幕府」や「江戸幕府」も同様──という読者の皆さんに馴染みのある名称を用いることにする。

だが、たとえそうだとしても、前節で述べた「日本国惣追捕使と日本国惣地頭という地位を源頼朝が朝廷から獲得した」年号である一一九〇年を「鎌倉幕府」の成立時期であるという説を私は採らない。何故なら、「日本国惣追捕使」と「日本国惣地頭」という奇妙な名称の新設の官位や、古代以来、何度か使われてきた「征夷大将軍」という官位も、関東から始まって全国へとその実効支配域を拡大した「鎌倉殿」の統治行為を、京都の朝廷が後付けで承認したものに過ぎないからである。

平氏政権直前の院政時代の北面の武士はおろか、「鎌倉幕府」が成立する二百年以上も前の摂関政治全盛期にすでに「武士」が存在していたことも既述のとおりである。さらに歴史を四百五十年以上遡れば、奈良時代中期の聖武天皇の治世の七四三年に「墾田永年私財法」が制定されて以後、拡大の一途を辿っていった「荘園」を現地で管理する役人の中から、次々と武装集団が形成されていった時点にまで遡れる。このことは、たとえ、国家の中央政府が法律を制定し、また、租税の徴収を行おうとしても、そのことを完全に実行させるためには、ある程度の「暴力装置」が必要であるということを現している。少なくとも、各地の盗賊集団よりも軍事力が強くなければ、国家が警察権を行使することすら不可能になることは、アフリカや中東の破綻国家の状況を鑑みれば明らかである。場合によっては、正式な「国家」ではなく、「武装集団」のほうが人民を「兵士として徴用」したり、「租税を徴収」したりしている地域すらある。

しかし、これらの状態を普通、われわれは「国家」あるいは「政権」とは呼ばない。つまり、「実効支配」という実態だけでは、「国家」と呼ぶには不十分なのである。源頼朝が樹立した「鎌倉幕府」が本格的な「政権」であったと認知されるのは、彼が生まれる何百年も前から各地で実効支配をしていた武装した封建領主たちに対して、「鎌倉殿」としての頼朝が彼らの本領を安堵し、「地頭」に任じたからである。その年号が一一八五年である。また、頼朝はその前年に、彼の目指す政権の公文書を作成・管理するための役所である「公文所」と、訴訟を取り扱う「問注所」を設置した。この公文所は、翌年、頼朝が従二位に昇進し、「公卿」に列せられると、慣例に従い、「政所」と改称された。

つまり、源頼朝は「鎌倉殿」と呼ばれるようになる直前まで存在していた平氏政権とはまったく性格を異にする政権を樹立したのである。同じ「武家」出身とはいえ、平氏政権は、あくまで朝廷内の官職を独占していただけであるが、源氏政権は、各地に点在していた封建領主たちの支配の実態を公認したところに大きな違いがある。つまり、「国家」とは、単なる軍事的な実効支配というよりは、「統治しようとする意志」そのものであると言ったほうが適切である。

当然、それらの意志の中には、イスラム帝国がその統治地域において『シャリーア(イスラム法)』を施行したように、「法律の制定」というものも重要な要素である。「鎌倉幕府」も、頼朝存命中は、規則の施行や信賞必罰の判断に関しては「頼朝自身が活きたバイブル」だったので、問注所や政所といった役所の設置だけで良かったが、誰の目にも明らかな「源頼朝の後継者」である源氏の血統がわずか三代で途切れ、「将軍の代理人」たる北条執権体制になると「目に見えるバイブル」が必要となり、三代執権北条泰時の治下の一二三二年、源頼朝以来の先例に基づき、全五十一カ条からなる『御成敗式目(貞永式目)』が制定された。約三百年前に制定された『延喜格式』以来、絶えて久しかった新たな成文法であり、「武家の憲法」としては、「鎌倉幕府」が滅んだ後の「室町幕府」時代にも有効であったし、江戸時代の各種の法度も、『御成敗式目』を廃止したのではなく、いわば「追加法令」であった。この『御成敗式目』を当時、文明の中心地である京から遠く離れた「僻地」であった関東の武家政権が制定したので、有職故実に詳しい雅な貴族によって制定された朝廷の法令よりも粗野な法律であろうと思うのは大間違いである。

まず、条文の総数である五十一カ条は、その昔、聖徳太子が定めた全宇宙の森羅万象を意味する聖数である十七という数字を総条文数にした『十七条憲法』を踏まえ、その後の六百年間の日本歴史の変遷により、より発展し、複雑化した社会の実態に対応するため、十七という聖数に、天・地・人の三要素を掛け合わせた五十一という数字を条文数に置いている時点で、すでに過去の歴史をもしっかりと踏まえているという、相当なインテリがその条文作成過程に関与したと考えるべきであろう。彼らの武家政権を未だに「関東」と呼び、バカにしている京都の公家衆を見返してやろうという意欲満々な法律であることが、この条文数という一点を見ただけでも判る。この『御成敗式目』の法的有効性が完全に無効となったのは、明治維新後に近代法が制定されたときのことである。しかしながら、現在の『民法』第百六十二条にある「土地の所有権のない者が、本来の所有者から一度も退去通告を受けずに、二十年間にわたって他人の土地を占有し続けた場合、その所有権はその不法占拠者に移行する」という、いわゆる「所有権の時効取得二十年」の条項は、この『御成敗式目』の第八条「土地占有之事」の条文に「二十年間」という期間が記されていることに由来しているぐらい、現在のわれわれの生活にも影響を与えているのである。

第3章

「クニ」の三様態：領土・統治機構・国民

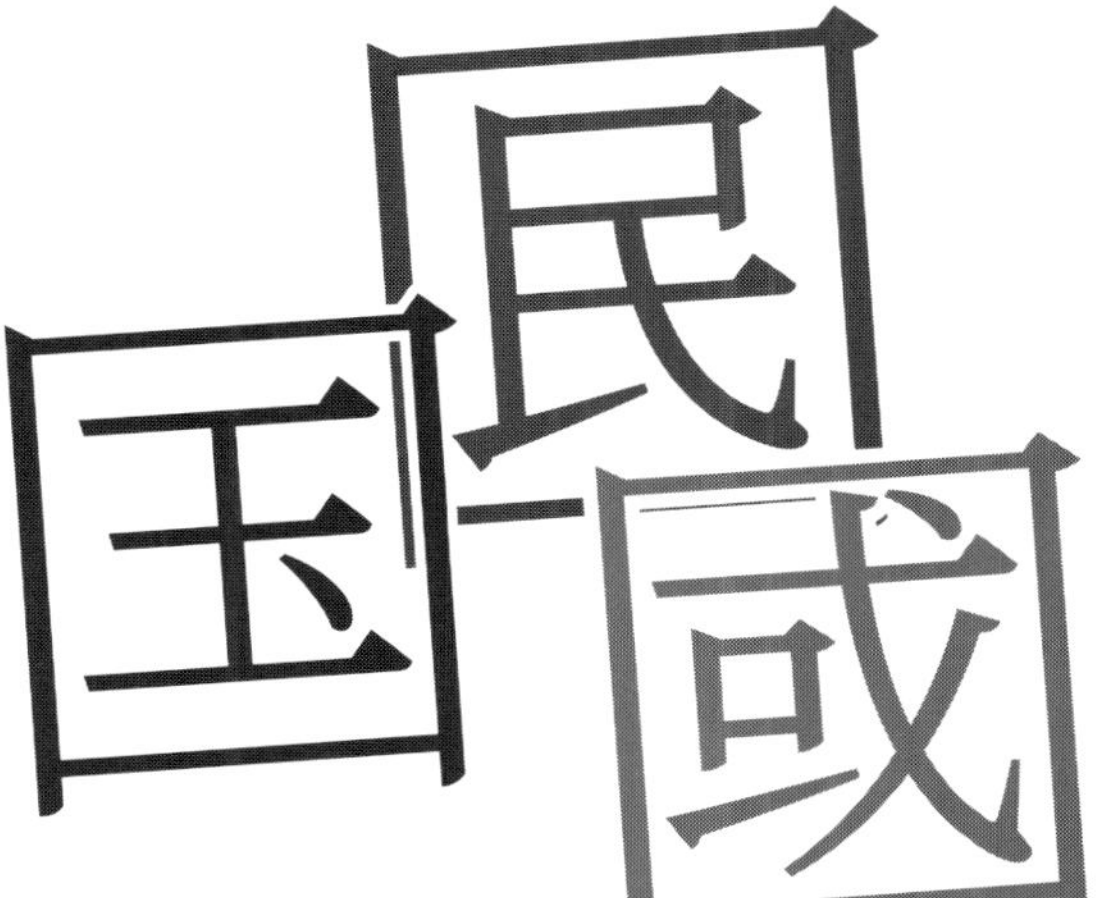

京都の朝廷と鎌倉の幕府

第一章では、七世紀のイスラム帝国の成立から十三世紀のアラビアにおけるアッバース朝の滅亡までの話を、特に『クルアーン』から『ハディース』そして『シャリーア』といったイスラム法の成立という観点から紹介してきた。また、第二章では、七世紀の聖徳太子による『十七条憲法』の制定から十三世紀の鎌倉幕府による『御成敗式目』に至る法制度と絡めて、国家の発展の歴史について概観してきた。これら二つの、一見、何の関係もなさそうな中東と日本の話が、中央アジアに突如として勃興した大モンゴル帝国の出現によって、一挙に結びついてくるのである。そこで、第三章では、「蒙古襲来」をキーワードにして、国家の意味について考察を進めて行きたい。

前章の終盤で、「国家とは統治しようという意志である」と述べたが、そのためには、政府や法律や官僚などの継続的な「統治機構」というものが必要不可欠の存在となる。単に、「徴税」と称して人民から金品を収奪したり、武力を行使して服従させるだけなら、山賊から国際テロリストに至るまで、武装集団はことごとく「国家」ということになってしまう。その意味でも、継続的すなわち制度的な「統治機構」の有無というものが国家を成立させるための重要な要素であるということに異を唱える人はいないであろう。

日本においては、古来、その役割を「天下《あめのした》を治《しろし》めす大王《おおきみ》」を頂く「朝廷」が担ってきた。その統治の機能をより継続的かつ制度的にしようとして、聖徳太子は『十七条憲法』を制定。「天皇」という称号を発明した天武・持統朝による「律令体制」の確立。平安時代における三大格式の制定による律令の稠密化、すなわち「法治国家化」が六百年間の長きにわたって営々と進められてきた。さらには、「鎌倉幕府」によって、「荘園支配の現地化」すなわち、中央の法治体制とは何の関係もない各地の「地頭」による土地の実行支配という「変化してしまった現状」のほうに法律を合わせた『御成敗式目』の制定がなされたと記したが、政府や法律や官僚などの継続的な「統治機構」を有する存在のことを「国家」と呼ぶのであれば、誰の目から見ても「鎌倉幕府は国家である」ということになってしまう。しかし、依然として、京の都には、天皇をはじめとする公家衆も存在したし、南都北嶺の仏教勢力も健在であった。事態は少々複雑になってきた。

鎌倉に「幕府」が成立するまでは、法律を制定することができる国内の唯一の政権は、天皇という名の「国王」を戴く京都の朝廷であったことに異論を唱える者はいないであろう。ただし、この「天皇」という権能は、イスラム帝国の「カリフ」や中華帝国の「皇帝」のような超越的な支配権を有する地上における絶対者ではなかった。かの地域では、カリフや皇帝の命令は絶対であり、何人もこれを拒否することはできないという社会的合意が形成されていたので、もし、これを否定しようと思えば、武力でもってカリフや皇帝を倒し、これに「取って代わる」以外に方法はなく、この「易姓革命」という手段もまた社会的に容認されており、これらの武力革命を事後承認するための超越的権威として「アッラー」や「天」が作業仮説として想起されているとも言える。

ところが、この日本という国においては、朝廷において基本的な律令が制定され、それを補うための施行細則である格式が整備された頃には、すでに朝廷内での実質的な「権力」の所在は、律令が想定する天皇ではなく、天皇の母方の外戚である摂関家（藤原氏の長者）へと移行していたし、その摂関政治が二百年続いた後、その次の百年間は、権力の所在は天皇の父方の尊属（上皇）である治天の君（天皇家の家長）へと移行してしまっていた。すなわち、「国王」の地位はずっと「万世一系」の天皇であり続けていたが、実質的な「治天（国家を統べる地位）」は摂関家や上皇へと移行することによって、「易姓革命」などといった過激な事態の発生が抑止されてきた。逆を言えば、何人《なんぴと》も取って代わることのできない尊貴な血脈である「天皇」の存在が、作業仮説としての「アッラー」や「天」の存在を必要としなくさせる装置として機能してきたとも言える。

こうした日本の伝統的な「国体」に対して、最初の疑問符を付けたのが、一一八五年の「鎌倉幕府」の成立である。従来は、たとえ実質的な支配者が「治天」であったとしても、公式の法令は朝廷からのみ発せられるものであったが、軍事力を背景として関東に政権を樹立した「鎌倉殿」たる源頼朝が、朝廷とは無関係に、諸国の地頭の所領を安堵（公認）したり、これを勝手に任免したりしており、諸国の地頭たちも、長年「実効支配」してきた所領を、「鎌倉殿」によって「安堵」されたことによって、京都の朝廷よりも鎌倉の幕府のほうを「正当な政権」と見なすようになった。

もちろん、鎌倉幕府は、訴訟を扱う役所である問注所や、公文書を扱う役所である政所といった「官庁」を整備し、藤原氏ではないという理由だけで、出世コースを絶たれて京都で「下級官僚」の地位に甘んじていた公家の三善康信や大江広元などがそれらの役所を統括して「鎌倉幕府」が本格的な政権であるという印象をもたらせていた。その後、執権北条泰時の時代に、朝廷と幕府の間で一二二一年に起こった「承久の乱」が幕府側の完勝に終わり、「首謀者」である後鳥羽上皇は隠岐島に、順徳上皇は佐渡島に、土御門上皇は土佐国に流され、仲恭天皇の廃位が幕府の手によって断行された。また、その後「律令」に代わる新しい基本法である『御成敗式目』が一二三二年に幕府単独で制定されるなど、関東の幕府を合法的な政権だと見なさない人は誰も居なくなった。

だが、たとえそうであったとしても、この時期の日本は、依然として京都と鎌倉という「ふたつの中心を持つ楕円」のような国体であった。その証拠に、一二六八年にモンゴル帝国の第五代皇帝クビライ・ハーンからの『大蒙古國皇帝奉書』（日本側の通称は『蒙古國牒状』）を奉じて高麗国の使節団が伝統的な日本の外交窓口である太宰府に到着した際、幕府の鎮西奉行（九州統治の総責任者）であった少弐資能は、その国書と高麗国王の添え状を当然のことながら、当時この国の「治天」と見なされていた鎌倉幕府の執権北条時宗のもとに送致したが、あろうことか鎌倉幕府はこの国を実効支配していながら、「外交は朝廷の専権事項」としてモンゴル帝国からの国書を京都の朝廷に転送した。

実は、このモンゴル帝国の「日本侵攻（いわゆる元寇）」には、あまり知られていない前段がある。当時、樺太（サハリン島）に多数居住していたアイヌが、ユーラシア大陸とサハリン島を隔てるわずか幅数キロの間宮海峡（タタール海峡）を渡ってアムール川流域まで進出し、広くシベリアのツングース系の諸民族と交易を展開していたが、モンゴル帝国の版図に編入されたギリヤーク族からの依頼を受ける形で、日本への公式通達に四年先立つ一二六四年、モンゴル軍が樺太に侵入してアイヌと交戦し、大多数のアイヌ勢力を宗谷海峡以南、すなわち北海道まで押し下げた。その翌年、既にモンゴル帝国の属国となっていた高麗の官僚趙彝《ちょうい》が、「東の洋上に日本という豊かな島国があり、漢・唐代から中国と交流があった」とクビライ・ハーンに進言したことから、当時既に東アジアのほとんどを版図にし終えていたクビライ・ハーンの二大軍事的目標として「朕（クビライ・ハーン）、宋（＝南宋）と日本とを討たんと欲するのみ」と設定されることになった。この辺りの経緯については、モンゴル帝国に「食客」していたベネチア人のマルコ・ポーロの『東方見聞録』にも紹介されている。

こうして、着々とモンゴル帝国は日本侵攻の準備に着手した。燎原の炎のように東アジアの諸国のほとんどをモンゴル帝国の版図に収めて自信満々のクビライ・ハーンは、「小国」である日本に寄せた恫喝まがいの国書『大蒙古國皇帝奉書』を作成し、自ら進んで道案内役を引き受けた属国高麗の王元宗の家臣がこれを日本へ届けることになったが、このプロセスにおいても、いかにも因循姑息な高麗人官僚らしいエピソードがあった。彼らは、海の荒れた日に蒙古の国使を朝鮮半島南岸からわずか八百メートル沖に浮かぶ巨済島まで案内し、そこから遙か沖合に望む対馬を見せ、「このような荒れた海での大規模な軍船の渡海は危険であり、かつ、日本人は礼儀知らずの野蛮人であって、日本への通使は不要である」と吹き込んで、帝都大都へと帰還したが、クビライ・ハーンは、「風浪の険阻を理由に引き返すことはないように」と日本側への国書の手渡しを予め高麗国王元宗に厳命していたことや、元宗自らが「聖恩は天大にして、誓って功を立てて恩に報いたい」と忠誠を誓っていながら、勅命に反して使節団を日本へ渡海させなかったことに激怒した。このことからも解るように、自分の身の安全さえ確保されれば、他者はどうなっても構わないというこの民族の良い加減な態度が、蒙古による日本侵攻をもたらせたと言っても過言ではない。当然のことながら、『大蒙古國皇帝奉書』を奉じた第二回目の使節団が発せられ、一二六八年、太宰府に到着するのである。

『大蒙古國皇帝奉書』と幻の返書

しかし、こういった大陸でのパワーポリティックスを背景に突如として日本に寄せられた恫喝まがいの国書『大蒙古國皇帝奉書』を受け取った鎌倉の幕府は、日本国内で唯一の軍事力の大規模

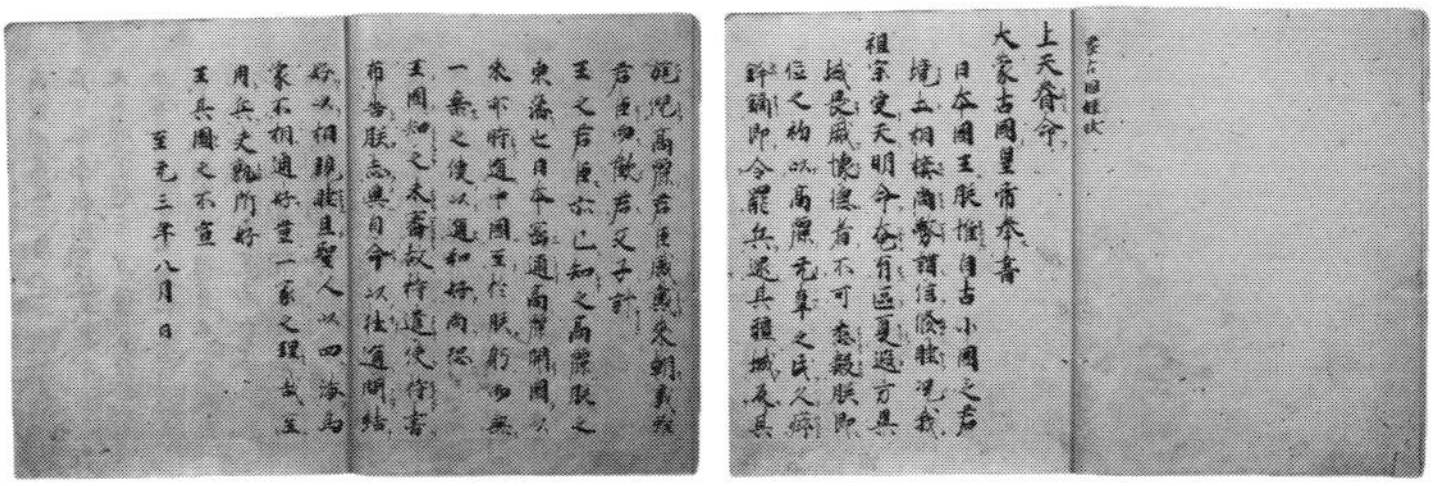

蒙古國牒状
上天眷命
大蒙古國皇帝奉書
日本國王朕惟自古小國之君
境土相接尚務講信修睦況我
祖宗受天明命奄有區夏遐方異
域畏威懐徳者不可悉數朕即
位之初以高麗無辜之民久瘁
鋒鏑即令罷兵還其疆域反其
旄倪高麗君臣感戴來朝義雖
君臣而歡若父子計
王之君臣亦已知之高麗朕之
東藩也日本密邇高麗開國以
來亦時通中國至於朕躬而無
一乘之使以通和好尚恐
王國知之未審故特遣使持書
布告朕志冀自今以往通問結
好以相親睦且聖人以四海為
家不相通好豈一家之理哉至
用兵夫孰所好
王其圖之不宣
至元三年八月　日

大蒙古國皇帝奉書

動員ができた統治機関であったにもかかわらず、「外交は古来より朝廷の専権事項」と言って、これを何の軍事力も保持しない京都の朝廷に丸投げしてしまったのである。承久の乱でほとんど有力プレイヤーの居なくなってしまった当時の朝廷の「主宰者」は、消極的選択肢として皇位に就いた後嵯峨上皇であったが、朝廷と幕府との連絡役であった「関東執奏」の西園寺実氏の娘を中宮として迎え、それなりの「立場」を確保していた。しかしながら、公家衆だけではいかんともし難く、連日朝議が繰り返されるだけで、なんら具体的な結論が出されるはずもなかった。

ところが、建長寺をはじめとする鎌倉五山には、蒙古によって圧迫されていた南宋から亡命してきていた禅僧なども多数いた。バグダッドのアッバース帝国を徹底的に破壊した時と同じように、「人類文明の最高到達点」と言われるまでに高度に発展した文化遺産に対する敬意を払わない遊牧民族のモンゴル人の粗暴な態度については、モンゴル人だけでなく、九六〇年に太祖趙匡胤が宋を建国して以来二百数十年間にわたってずっと、遼や西夏や金といった北方の遊牧諸民族に圧迫されてきた宋人にとっては、「蛮夷の極み」として刷り込まれており、その軍事的野心が、祖国を追われた禅僧たちを「禅師」として温かく受け入れてくれた東方の仏教国日本に向けられていることを知るに及んで、彼らが大陸から得た蒙古に対する情報を積極的に幕府に伝えたことも幸いした。という訳で、鎌倉の幕府は『大蒙古國皇帝奉書』を京都の朝廷に回送しながらも、実際にモンゴル軍が攻めてきた場合に備えて、鎮西（九州）に所領を有する東国の御家人に命じて外夷との合戦の準備に入った。日本にとって幸いだったのは、鎌倉幕府の成立の過程で、平氏との間で大規模な海上戦闘を繰り返していたので、御家人たちは船上での合戦に慣れていたことである。

こうして、モンゴル帝国の使節団は、太宰府で七カ月も待たされた挙げ句、日本側から返書を受け取れなかったので、やむを得ず帰国し、遣使の失敗の旨をクビライ・ハーンに報告したが、クビライ・ハーンは使節団の帰朝を待たず、高麗に軍船千艘の建造を命じている。さらに翌一二六九年、クビライ・ハーンは総勢七十五名もの第三次使節団を派遣したが、日本側から断られたため対馬までしか進めず、対馬の島民二人を拉致しただけで帰還。これを喜んだクビライ・ハーンは、彼らに壮大な宮殿を見学させ、「汝の国は来朝しなくなってから久しい。今、朕は汝の国の来朝を欲している。脅迫するつもりはない。ただ名を後世に残さんと欲しているだけである」と述べて、大量の宝物を下賜して帰国させた。彼らを送り届けるという名目で、第四回目の使節を太宰府に派遣したが、最初の国書が皇帝本人からの書簡であったため、日本側としても返書を出し難かったのであろうと斟酌して、現代の日本の内閣府に当たる中書省という役所からの通牒をいう形式で、再度、「服属要求」の意志を伝達した。

という訳で、第二回目の国書（『中書省牒』）も、前回同様、朝廷へと回送されたが、今回は朝議がまとまり、無礼な中書省牒に対してこちらも役所からの返書『太政官牒』の草案を起草した。この内容が、極めて日本的であって興味深い。概要を記すと、「そもそも蒙古なんて国は聞いたこともない。だから、貴国には好き嫌いの感情もない。なのに、貴国はわが国に対して軍事力を行使しようとしている。中国の聖人や仏教の教えでは殺生を悪業としているのに、どうして「帝徳仁義の境地」と国書で称していながら、民衆を殺傷する源を開こうというのか。そもそも、わが国は天照大神の神代より現在の皇帝（第九十代の亀山天皇）に至る万世一系の神国である。だから、この唯一無二の神国には、知恵でもっても武力でもっても勝つことができにないので、よくよく考えなさい」という、もし相手が読めばビックリするような内容の返書を用意したのである。同時に、高麗王に対しては、「対馬の住人の返還に便宜を図ってくれて感謝する」という内容の返書も作成した。ところが、幕府は朝廷に対して、モンゴル帝国からの使節に返書をしないように上奏したため、この『太政官牒』は「幻の返書」となったが、当時の日本人の「世界観」を知る上では、貴重な資料となって今に伝えられている。

こうして、再び、返書を得ることに失敗したモンゴル帝国からの使節は帰朝したが、一二七一年、今度はモンゴル帝国の高麗占拠に抵抗して、朝鮮半島最南端から三百メートル沖に浮かぶ珍島《チンド》へと逃れ、レジスタンス運動を試みて自ら「高麗王朝」と称していた「三別抄《サンビョルチョ》」から、日本に対して援軍を乞う「国書」が寄せられたので、日本側は大いに不可解に感じた。しかし、この「三別抄」もほどなく鎮圧され、高麗全土が完全にモンゴル帝国の版図となった。この「三別抄」からの「国書」に続いて、女真（満州）族の趙良弼を首席とする第五回目のモンゴル帝国からの使節約百名が太宰府に到着。「国書」の写しを手渡し、「十一月末の返答期限を過ぎたら武力行使も辞さず」という姿勢で日本側に返書を迫ったが、「返書の代わり」ということで、十二名の御家人が日本使という形で趙良弼と共にクビライ・ハーンの待つ大都へと遣わされた。この時は「モンゴル帝国の軍事力の偵察」と判断した蒙古側がクビライ・ハーンとの謁見は許さなかったが、日本からの使節団は無事、高麗経由で帰朝した。なお、この年の十一月、南宋をほぼ壊滅させたため、クビライ・ハーンは国号をモンゴル語の「大蒙古国《イケモンゴルウルス》」から中華帝国風の「大元帝国」へと改称している。

　モンゴル帝国側からすれば、「小国」日本に対して、手段を変えて根気強く数度にわたって「朝貢するように」と促したにもかかわらず、日本がことごとくこのアプローチを無視し続けた――逆に、もし「幻の返書」となった朝廷からの『太政官牒』が送られていたら、かの国の人々をもっと驚かせであろうが――ので、一二七四年、クビライ・ハーンは高麗出身の将軍洪茶丘（父を高麗王に殺されている）を高麗に派遣し、戦艦三百艘を建造させた。クビライ・ハーンは、これまでの経験から高麗人の面従腹背のサボタージュを学習したので、同じ高麗人に高麗を監視させることにしたのである。その甲斐あって、今回はきちっと造船することができた。さらに、クビライ・ハーンは娘の一人を新たに高麗王元宗の世子諶に降嫁させ、忠烈王として即位させた。大元帝国の主力軍一万五千人を高麗へ派遣し、モンゴル人の都元帥クドゥンを総司令官として赴任させた。日本側からは「文永の役」と呼ばれる第一回「元寇」の始まりである。因みに、この「元寇」という名称は、十八世紀に徳川光圀の命で編纂作業が開始された『大日本史』が初出である（完成したのは、なんと明治三十九年）。

「文永の役」というカルチャーショック

こうして、一二七四年（文永十一年）十月三日、朝鮮半島の南端の合浦から蒙古と征服された漢族（旧南宋）の連合軍約二万人、高麗軍約七千人と水夫七千人の連合軍が、大型戦艦三百隻、揚陸船三百艘、補給用小型船三百艘の計九百艘からなる大艦隊が日本侵攻を目指して出航した。彼らは対馬・壱岐両島を一気に蹂躙した後、十月十六日には肥前沿岸の平戸島などの松浦党の領地を襲撃。二十日にはついに博多湾に上陸した。この際、幕府軍の御家人たちは、伝統的な武家のマナーに従って「源平合戦」式に「やあやあわれこそは……」と一騎ずつ名乗りを上げて敵陣に突入——

武士にとっては、敵陣への「先駆け」こそ最大の武功とされた――して行ったが、もとより言葉が通じない上に集団戦法を採る蒙古・高麗連合軍から、名乗りの終わらない内に一斉に毒矢を射かけられて、突入した武士たちはなぶり殺しに――モンゴル兵は、殺害した武士や馬の内蔵まで喰らった――された。おまけに、博多湾に上陸したモンゴル軍は、大きな音がする太鼓・銅鑼や「てつはう（鉄炮）」と呼ばれる直径二十センチほどの陶器製の球体の中に火薬と硫黄が充填された炸裂弾といった日本人が見たこともない新兵器で攻撃を仕掛け、御家人たちは人馬共に大いに驚いたとされている。

博多湾を中心に肥前沿岸の各地でモンゴル軍と日本軍との戦闘が繰り広げられ、部分的な勝敗はいろいろあったが、概して御家人たちの戦い方は武家のマナーに則った伝統的な戦術だったため、日本側が苦戦を強いられ、モンゴル軍は戦闘員である武士だけではなく、婦女子や使用人たちまで数千人を捕虜にした。この際の収監法が残虐で、掌に穴を穿ち、そこに綱を通して数珠繋ぎにして連行して船に結びつけるという高麗式の身柄拘束術であったことが記録に残されている。※7

※7　日蓮の書状『一谷入道御書』には「……百姓等ハ男ヲハ或ハ殺シ、或ハ生取ニシ、女ヲハ或ハ取集テ、手ヲトヲシテ船ニ結付、或ハ生取ニス、一人モ助カル者ナシ……」と記されている

御家人たちは奮戦するものも、初めて目の当たりにした「文化の違い」による残虐な行為に士気が減退し、各地で敗走。海岸に近い博多や筥崎を放棄して、博多湾から十キロほど内陸に入った太宰府を守る幅六十メートル、深さ四メートルの堀と、高さ十メートル、幅八十メートル、総延長一・二キロメートルの土塁である「水城」まで撤退し、迎撃体制を立て直した。

この「水城」とは、六六三年に朝鮮半島南西部の白村江で、日本と百済の連合軍が唐と新羅の連合軍に大敗を喫したことにより、唐・新羅連合軍が日本国内へ攻め込むことを防ぐために、翌六六四年に「称制」――皇位継承者が皇位に就かない状態のまま政治を執ること――を執っていた中大兄皇子の命によって築かれた朝鮮式山城である。中大兄皇子は、翌年には北九州から瀬戸内海沿岸に多くの朝鮮式山城を築かせ、さらには、首都防衛を考慮して、六六七年、奈良盆地の飛鳥からより内陸部の近江国の大津京に遷都し、その翌年に満を持して天智天皇として登極した。結局、七世紀の国難の際には、唐・新羅連合軍が遠く海を隔てた日本まで攻め込んでくることはなかったのであるが、それから六百年後に、蒙古・高麗連合軍による日本侵攻の際に、はじめてこの「防衛線」である水城の存在が再確認されたのである。

ところが、夷狄による歴史上最初の日本本土攻撃である「文永の役」の際には、この水城の防衛力が実戦で試されることはなかった。なんとなれば、ここで不思議な出来事が起こり、彼我の形勢が一挙に逆転したのである。日本側の資料である『八幡愚童訓』という寺社縁起物によると、御家人たちがすっかり逃亡してしまった博多の街で、夕方になって出火した筥崎宮から、八幡神の化身と思われる白装束の男が三十人ほど飛び出してきて、博多の街を占領する蒙古軍に対して矢を射かけたら、これに恐れおののいた蒙古軍は占領した陣を放棄して海上に逃げ出した。すると、洋上から不思議な火が燃え広がり、その中から顕現した軍船二艘が蒙古軍の船に襲いかかり、抵抗した将兵をことごとく討ち取り、沖合へ逃れた軍船は皆、突如として起こった風に吹き付けられて敗走した。あれだけ優勢だった蒙古軍がひどく怖れて逃亡したのは、ひとえに八幡神の威徳のおかげである。という趣旨の内容である。

にわかには信じがたい内容であるので、元側と高麗側の資料も合わせて見てみたい。まず、大元帝国の正史である『元史』の『日本伝』によると、「冬十月、元軍は日本に入り、これを破った。しかし元軍は整わず、また矢が尽きたため、ただ四境を虜掠して帰還した」とのみ簡略に記載されている。また、『元史』の諸伝のひとつで文永の役での司令官の一人でもあった『左副元帥・劉復亨伝』では「征東左副都元帥に遷り、軍四万、戦船九百艘を統率し日本を征す。倭兵十万と遇い、これを戦い敗った」とのみ記載されており、自らが日本軍の矢で負傷したことや、上陸後の具体的な戦闘場面や突然の撤退の理由については触れられていない。『高麗史』においては、文永の役で高麗軍の最高司令官を務めた『金方慶伝』によると、「都督使・金方慶率いる高麗軍が奮戦したため、逃げ出した日本兵らは大敗を喫し、戦場には日本兵の死体が麻の如く散っていた」とか、「高麗軍は元軍諸軍と共に協力して日本軍と終日、激戦を展開したが、元軍は激戦により損害が激しく軍が疲弊し、左副元帥・劉復亨が流れ矢を受け負傷して船へと退避するなど苦戦を強いられた。やがて、日が暮れたのを機に、元軍は戦闘を解して帰陣した」と、自分に都合の良いように記述されている。

とにかく、元・高麗連合軍の軍議は海上の船内で行われ、いくらでも援軍の増派可能な日本軍と比べて、現状では優位に押しているが、補給や増援の見込みがない元・高麗連合軍の決定は、「あまり兵站を伸ばすべきではない」という理由で「撤退」ということに決まった。しかも、この時代はまだまだ夜間の操船技術が未熟であったために、撤退時に波の高い冬の玄界灘で沈没や漂流する船が続出して、十一月二十七日に出港地である朝鮮半島の合浦まで帰還した際には、元側の記録で一万三千五百人の将兵が失われた。という訳で、いわゆる「神風」によって元・高麗連合軍が撃退されたのではない。

因みに、対馬・壱岐両島に元・高麗連合軍が襲来したという第一報が鎌倉に届いた時点ではすでに、元・高麗連合軍は博多に上陸を済ませた後であったし、博多への上陸と日本軍の苦戦の報が鎌倉へ伝えられて、幕府によって「増派」が決定された時点では、既に元・高麗連合軍は撤退を始めていたので、「文永の役」での日本側の「勝利」はラッキーであったという部分が大きい。という訳で、日本史上初の「夷敵襲来」という事態に当たって、「自分たちのおかげで夷敵を撃破することができた」と主張することができたのは、朝廷から「敵国降伏」の祈祷を命じられた石清水八幡宮をはじめとする有力社寺だけであり、「承久の乱」以後、権威も実力も地に落ちていた朝廷の復権が見られるだけであった。いわゆる「神風」伝説もいろいろと尾ヒレが付いて、寺社からの幕府への恩賞要求も相当のものであった。もちろん、「事実」としては、幕府の命で動員された御家人たちが身を賭して戦ったから撃退することができたのであったが、「源平合戦」時の源義経のごとき、誰の目にも明白なヒーローが現れなかったのは、御家人たちにとっては不運であった。ただ、幕府にとっても、「国家総動員」体制を敷いたため、基本的にはそれまでは御家人に限定されていた武装集団への命令を、まだまだ古代以来の既得権を保っていた全国の本所や領家といった公家や寺社に属する荘園領主たちにも発する形になり、その意味での実効支配はより完成形に近づいた。

「史上最大の海戦」弘安の役

以上が「文永の役」として知られる第一回目の「元寇」であるが、最大の意義は朝廷や幕府はもとより、御家人から寺社勢力に至るまで、日本人に強烈に「国家意識」を植え付けるというインパクトを与えたということである。ただし、クビライ・ハーンはその翌一二七五年、直ぐに、再度の日本侵攻計画を立てて、高麗に命じて戦艦修造や使い果たした矢の大量生産を開始させた。その翌年、長年戦ってきた南宋の第七代皇帝である恭帝が降伏し、首都臨安は無血開城され、南宋の皇族たちは元の帝都大都に送還され、恭帝は諸侯のひとりに封じられて鄭重に扱われた。これで、長年、南宋と日本の「二正面作戦」を強いられてきたクビライ・ハーンは日本攻略に集中できると思ったが、高麗の旧臣と同じく「新しい主人」に取り入ろうとする南宋の旧臣たちの「日本へ討つべし」というおべっかより、モンゴル人耶律希亮の「モンゴル帝国の建国以来、宋、遼、金という三国を相手に三百年戦い続けてやっと陛下の中華大陸平定が完遂し、人民はようやく安心して陛下の威徳に恭順しているところなので、日本侵攻は数年後にしたら良いか存じます」という忠言を受け入れた。

その三年後の一二七九年になって、南宋の旧臣范文虎の提言を受けて、クビライ・ハーンは二度目の日本侵攻策を具体化させることになった。范文虎の提案とは、日本とは長年友好関係にあった南宋の旧臣という立場を利用して、『大宋國牒状』という形式をとって「大宋はすでに蒙古に滅ぼされた。このままでは日本も危うい。よって大宋は、日本は自ら蒙古に服属することを勧める」という内容であった。ただし、すでに一度、日本を攻めた元からの使いということで、この『大宋國牒状』の内容を確認した時点で、使節団一行は、博多で斬首された。クビライ・ハーンは使節が既に斬首されていることを知らなかったが、高麗や新たに元帝国の版図に編集された旧南宋地域を総動員して、軍船の建造に走り、航海術に長けたアラブ人なども採用して、翌一二八〇年には専ら日本侵攻を業務とする「日本行省」という役所まで設置して本気で日本侵攻に着手した。

こうして、一九八一年（弘安四年）、いよいよ「史上最大の海戦」となった「弘安の役」が始まるのであるが、その直前に来日した南宋の禅僧無学祖元が数々の情報を執権北条時宗に授け、また、禅の師として、時宗の精神的支柱ともなった。戦後、時宗は文永・弘安の役での戦死者の菩提を弔うために鎌倉に円覚寺を建立し、無学祖元が開山として迎えられた。今回の日本侵攻部隊は、元・高麗軍を主とした「東路軍」は九百艘の軍船に五万人の将兵、「南船北馬」という言葉があるように、もともと水運の盛んであった旧南宋軍を主とした「江南軍」は三千五百艘の軍船に十万の将兵を合わせた四千四百艘、十五万人の将兵という世界史上最大の艦隊であった。今回の規模は、軍船九百艘・将兵三万人という第一回日本侵攻（「文永の役」）と比べても、軍船の数も五倍、将兵の数も五倍という空前絶後の大艦隊であり「東夷」の日本軍などは、一気に粉砕することができるであろうと誰もが考えていた。

東路軍と江南軍は、六月十五日までに壱岐島で合流して博多から上陸し、九州の政治的中心地である太宰府を攻めることになっていた。五月三日、蒙古軍三万と高麗軍一万からなる東路軍九百艘は、高麗の忠列王の見送りを受けて合浦を出航。五月二十一日には対馬を、二十六日には壱岐を占領した。ここで、蒙古・高麗連合軍は、日本軍が博多湾よりも相当西方に展開しているという情報を得て、今なら手薄とされる博多湾から一気に上陸作戦を展開しようと事前計画を変更して、江南軍の到着を待たずに博多湾への上陸を図った。しかし、文永の役の経験から、「いったん上陸を許せば、不利になる」ということを学んだ御家人たちは、博多湾沿いに総延長二十キロにもおよぶ高さ二〜三メートルの石垣製の築地（防塁）を築いてその上から上陸部隊に矢を射かけたので、蒙古・高麗連合軍は博多湾からの上陸を諦め、六月六日、天然の防波堤として博多湾の入口に浮かぶ志賀島へ上陸し、ここに陣営を築いた。この志賀島は「海の中道」と呼ばれる全長八キロの長い砂州で博多本土と繋がっており、戦術的には絶好のポジションを確保した。しかしながら、日本軍はこの砂州からの騎馬と博多湾側からの軍船によって志賀島を占領する蒙古・高麗連合軍を果敢に攻撃し、六月九日、ついに連合軍は志賀島を放棄して、四十キロ沖合に浮かぶ壱岐島まで後退して、当初の予定通り江南軍の到着を待つことになった。この間、高温多湿の日本の夏に順応できず、しかも狭い船舶に寝泊まりしたため疫病が蔓延して約三千人の将兵が命を落とした。

ところが、約束の六月十五日になっても江南軍は到着しなかったので、軍議では意見が割れたが、予め三カ月分の食糧を用意していたので、とりあえず江南軍の到着を待つことになった。おまけに、諸般の事情は不明であるが、実際に江南軍が寧波等の中国大陸各地の港を出航したのは、六月十八日のことであった。しかも、江南軍は独自に得た情報で、壱岐島よりも九州本土とはわずか五百メートルしか離れていない平戸島へ上陸するほうが戦略的に好条件だと勝手に判断し、六月二十五日に平戸島に上陸して土塁を築き、日本軍の襲来に備えると同時に、波浪に備えて軍船を平戸島周辺に綱で結んで停泊させた。逆に、六月二十九日と七月二日、壱岐に陣営を敷いていた東路軍に対して、松浦党や肥前の御家人龍造寺氏らが数万の軍勢を率いて上陸し、東路軍と激しい戦闘を展開し、江南軍が予定を変更して平戸島に集結しているという報せを得た東路軍は、七月十二日、ついに壱岐島を放棄して、江南軍の待つ平戸島へと移動した。この時、都では、東路軍が壱岐島を放棄したので、蒙古軍が撤退したという風評が広がったりもした。

こうして、七月中旬から下旬にかけて平戸島に集結した江南軍と東路軍は、七月二十七日、より太宰府に近い松浦湾の鷹島沖へと移動していたが、ここで日本の軍船と衝突して、丸一昼夜の海戦となった。日本側の戦闘能力が思いの外強力であったので、九州本土上陸を諦めて鷹島に上陸してここに土塁を築いて日本軍の攻撃に備えた。一方、日本側は六波羅探題から新たに増派された宇都宮貞綱率いる六万騎の大軍が中国地方を西進した。また、幕府は、これまで権限の及ばなかった西国各国の荘園領主に対して年貢米を兵糧として提供させることを朝廷に申し入れ、国家総動員態勢を確固たるものとした。しかし、これらの増援部隊が九州に到着する前の七月三十日の夜、台風が襲来し、お互いに綱で結びつけて停泊している江南軍の大型戦艦が悉く損壊あるいは沈没してしまい、「史上最大の艦隊」は一夜にして壊滅状態となってしまった。

後に、この事象を受けて「日本は神国故に、日本を侵略しようとする夷敵に対しては神風が吹いてこれを撃退する」という伝承が生まれたが、五月三日に東路軍が合浦を出航してから、七月三十日の鷹島での壊滅までの三カ月間も北九州周辺の洋上に大艦隊を展開していれば、統計上、毎年春から秋にかけて三つ程の台風が接近すると言われる北九州地方で台風の直撃を食らうことはむしろ、当然といえば当然の成り行きだったとも言える。閏七月五日、生き残った江南軍の司令官が撤退を決め、鷹島に残した十万の兵を見捨てて撤退。閏七月七日、鷹島に取り残された十万の江南軍の兵は日本軍の総攻撃を受けて壊滅した。こうして、結果的には「弘安の役」も、六波羅からの増派軍が到着する前に日本軍の大勝利という結果で収束した。その後も、クビライ・ハーンは何度か日本侵攻を計画したが、結局は実施に移すことはできなかった。

イスラム帝国は滅び、日本は生き残った

こうして、当時「世界最強」と怖れられたモンゴル帝国による安永の役・弘安の役という日本史上空前の二度にわたる外夷の侵略は退けられた。一方、ほぼ同じ時代(一二五八年)に、アジアの西では、第一章で詳しく述べたように、当時「人類叡智の最高峰」と謳われたバグダッドに都するアッバース帝国が、チンギス・ハーンの孫でクビライ・ハーンの同母弟にあたるフラグ・ハーンが差し向けた十万の将兵によって滅ぼされ、イスラム帝国の庇護下で発展を遂げたギリシャ哲学、数学、化学、法学や高度な金融経済等のすべての知識が灰燼に帰した。このことによって、「未開部族」

であったゲルマン民族の侵入による西ローマ帝国の滅亡以来千年の長きにわたって、哲学はいうまでもなく科学技術や金融経済までが「キリスト教会の下僕」の地位に貶められ、「暗黒の中世」に甘んじてきた西欧諸国が、まず、地中海貿易を通じてイスラム商人と交流のあった──イスラム帝国の知恵を拝借した──イタリアにおけるルネッサンス……。続いて、「レコンキスタ」と呼ばれるイベリア半島からイスラム勢力を追い返したスペイン・ポルトガルによる大航海時代……。さらには、英国による産業革命やいち早く国民国家を形成したフランスにおける市民革命……。と、現在まで続く西欧文明の発展と世界支配、長きにわたるイスラム諸国の停滞と社会的後進性を決定づけることになった。

このような人類の文明史的視座から見ると、同じモンゴル帝国の攻撃を受けながら、幸運な要因が重なったとはいえ、無事これを撃退することができた中世の封建社会が始まったばかりの日本は、宗教を除くほとんどの分野で急激に近世へと社会変革し、その後の近代の目覚ましい発展の礎を築くことができたのである。もし、文永・弘安の役で幕府軍が敗れて、元軍（蒙古・高麗・南宋連合軍）に日本国内が蹂躙されていたら、たとえその期間が短期間であったとしても、日本の文化や伝統はいうまでもなく、日本人の価値観に至るまで現在のものとは根本的に変わってしまっていたことであろうということは、太平洋戦争後のわずか数年間の米軍による占領政策がその後の日本人に与えた変化の大きさからも容易に類推することができるであろう。もし日本がモンゴル帝国によって占領されていたら、もちろん万世一系の皇統も途切れたであろうし、当時の「先進国」であった大唐帝国の制度はなんでも受け入れた飛鳥・奈良時代の日本でさえ、巧妙に排除してきた宦官や科挙の制度すら強要されていたかもしれない。

その意味でも、モンゴル帝国がその食指を日本列島にまで伸ばしてきた時点で、日本が既に中世の「武家政権の時代」に入っていたことが大きかった。同じ時代の高麗では、「両班」といって、貴族出身者と科挙試験に合格した者からなる「文班（＝文官）」と、世襲制の将兵からなる「武班（＝武官）」という二つ属性を持つ官僚機構があったが、常に「文官の優位性《シビリアンコントロール》」が規定されており、平時はともかく、モンゴルのような強大な外敵の侵略に晒された際、ほとんど国を守ることができなかった。一方、日本では、唐の律令制をモデルとして官僚機構を構築した際には、たしかに文官のほうが優位であったが、院政末期の平家政権と鎌倉における幕府の成立によって文武の力関係は逆転し、ついに「承久の乱」においては、幕府の主宰者である征夷大将軍ではなく、公的にはたかだか従四位下・相模守（現代でいえば「神奈川県知事」）に過ぎない「執権」北条義時によって、あろうことか「主上」である仲恭天皇は廃位され、後鳥羽・順徳・土御門の三上皇が遠島に処せられたということを見ても判るように、「武家の圧倒的な優位」が確立されていたのである。

何故、日蓮は「選択念仏」を排斥したのか？

こういう切迫した状況下の日本において現れたのが日蓮である。現代、多くの日本人が抱く日蓮のイメージは、法然・親鸞・道元・栄西らといった鎌倉新仏教の宗祖のひとりとして日蓮宗（法華宗）という宗派を興し、「釈尊が説いた最後の経典である法華経の題目を唱えること（南無妙法蓮華経）によって人間は救済される」と説いた宗教家というものが一般的であろう。また、法然とその弟子である親鸞は「末法の世において、自力による修行で罪悪深重煩悩熾盛の衆生が救済されることはあり得ず、ただ絶対者である阿弥陀如来による救済の約束を信じる（他力本願）ことによってのみ人間は救済される。そのために人間にできることは南無阿弥陀仏と救済者の名号を唱えることだけである」と説いたので、日蓮と法然・親鸞の差異は「帰依する経文の違い」に過ぎないと考えている人が大半である。

しかし、この理解は大きく間違えている。若い頃、当時の「最高学府」であった比叡山延暦寺で修行し、それらの修行僧の中でも「知恵第一の法然房」とまで言われた大秀才の法然は、比叡山にあるすべての経典を読んでみたが得心できずにいたが、唐における浄土五祖のひとり善導大師が著した『観無量寿経疏』を読んで初めて回心を体験し、救済者である阿弥陀如来のほうから選択してくださった本願のみを信じ、他の大乗経典はすべて遺棄して「専修念仏」に励むというものである。その意味では、法然は大乗仏教の「総合大学」たる天台教学とは決別している。

一方、日蓮も短期間ではあるが比叡山で学んだが、「法華経を最高の経典」としながら、『最勝王金光明経』や『仁王経』をはじめ、多くの大乗経典を取り上げて、「法然の間違っている点は、これまで先覚祖師たちが尊重してきた諸々の経典を価値のないものとしてうち捨てていることである」と主張している。その意味では、日蓮は自らの立場をあくまでも「天台娑門（＝天台宗の僧侶）」であると規定しており、法然を批判する際には、「北嶺（比叡山）だけでなく、興福寺などの南都の高僧たちも皆、法然の教説は間違っていると言っているから、世を惑わす邪教を取り締まってほしい」と幕府に訴えているので、まったく次元の異なる話である。

為政者が邪教の流行を放置することによって国家の安寧が揺るぐと信じていた日蓮は、当時の社会において「治天の君（実質的な国家の最高支配者）」と認知されていた前執権の北条時宗――征夷大将軍に代わる鎌倉幕府の事実上の最高意思決定者の役職である「執権」すら形骸化され、北条家の「氏の長者」に当たる「得宗《とくそう》」として、天下を牛耳っていた――宛に「この世間を惑わす邪教である専修念仏の唱道者である法然を取り締まってほしい」という意味で、「間違った宗教を信じていたら、国家も滅びてしまう」という「仏法為本」論を展開するために著したのが『立正安国論』である。

この書物の形式は、深淵な仏教の教学を説くために精緻な学問的方法論によって書かれているのではなく、たいした教養がないと思われていた武士でも読めるようにと配慮した、ある家を訪れた「客人と主人の間の対話」という形式で構成されている。最初は、法然の「専修念仏」の徒であった客人に対して、その家の主人が次々と実例を挙げて話しかけて行き、最初は気色ばんで反論していた客が、対話を通してだんだんと自らの間違いに気付いて、最後は、主人の説く法華経を中心として「仏法為本」の立場に主義主張を改めるという、日蓮サイドにとってまことに都合の良いストーリーである。

だが、私にとっては、どちらの経典のほうがより尊いかというような宗論はどうでもよい。しかし、この『立正安国論』の中で、主人が客人に説く古代中国の聖天子堯舜の時代から現代──ここでいう「現代」とは、承久の乱で確立した武家優位の日本社会と、新たに迫ってきた蒙古という外夷の脅威に晒されていた鎌倉時代中期の状況──に至るまでの国家の時代状況を説明するのに、従来は南都や北嶺の伝統仏教の大寺院が担ってきた鎮護国家を目的とする「王法為本」の立場から、正しい仏法を実践することこそが国家社会に安穏をもたらせるという「仏法為本」の立場へ変換を遂げるために、日蓮がどのような国家観を抱いていたかという点である。

その前提としては、ここまで長々と述べてきたように、空海や最澄の時代においては大陸には大唐帝国という超大国があったが、国家としてはすでに爛熟期から衰退期を迎え、盛唐による具体的な日本侵攻に備えて北九州から瀬戸内海沿岸に防衛線たる「水城」を建造し、都もより侵攻し易い大阪湾（難波津）から遠い内陸部の近江大津京へと後退させた天智天皇の時代とは異なり、外夷の日本侵攻などあり得ず、かつ、新たに建都された平安京におわす桓武天皇を中心とした朝廷による日本の一極統治に関しては、揺るぎのない事実であるという大前提に誰しもが立っていたが、鎌倉新仏教の宗祖たちが輩出した時代というのは、すでに朝廷が依って立つ王権の神聖性そのものも、上皇（治天）と天皇（主上）という二つの権威が並立して唯一無二のものでなくって久しかったし、それ以上に、誰しもの目に見える形で、京都の朝廷と鎌倉の幕府という二つの政権が並立し、「統治権の正当性」についても、大いに疑問符が付与される状態であった。これには、「承久の乱」によって、幕府の意向に逆らった三上皇が遠島され、幕府の圧倒的な優位性が確立されたと思われた時代においてさえ、クビライ・ハーンからの国書（『大蒙古國皇帝奉書』）が、鎌倉の幕府へではなく、京都の朝廷へと回送され、その返書案が『太政官通牒』という形で作成されたことからも伺える。

「國」と「国」と「囻」：『立正安国論』にみる三種類の「クニ」

そのような時代状況を頭に入れて『立正安国論』を紐解くと、奇妙な事実に気付く。それらの内で最も顕著なものは「クニ」という語の用法である。私が数えたところ、『立正安国論』では、「クニ」という語が七十一回も登場する。もちろん、それらの中には、単に「クニ」という漢字一文字だけで使われている場合もあるが、最も多いのは、「国主」、「国宰」、「国土」、「国王」、「国内」、「仏国」、「隣国」、「遠国」といった別の漢字と組み合わされて熟語として使っているものであるが、中には「破国」や「他国逼迫」といった物騒な用語から、「天下泰平国土安穏」といった用語まで、実に多くの「クニ」という漢字が登場する。

何故、本書において私がこれまで「国」という一般的な漢字を使わずに、わざわざ「クニ」とカタカナ表記してきたかというと、この『立正安国論』の内容にひっかかっていたからである。一般に刊行されている活字版の『立正安国論』の関連本を紐解いても判らないが、中山法華経寺に伝わる日蓮直筆の『立正安国論』の写本(国宝)の陰影版において、日蓮は「クニ」という漢字を、現代では一般的に用いられている「国」という字体と、戦前まで一般的に用いられていた「國」という字体と、さらには、おそらく読者諸氏がほとんど見たこともない「囗(くにがまえ)」に「民(たみ)」という漢字を組み合わせた「囻」という三種類の字体が一冊の本の中で使い分けられているのである。しかも、この「囻」という字が一番多く、全七十一回中、五十六回も使われているのである。この事実を看過するわけにはいかない。

具体的な用法を見ていくと、まず、本のタイトル『立正安国論』においては、「国」という漢字が使われているが、本文中には、「囻中」、「囻土」、「大囻」、「小囻」、「囻王」、「囻主」、「隣囻」、「遠囻」、「囻内」、「破囻」、「仏囻」、「囻家」から「他囻侵逼」に至るまで、実に多くの箇所で、この「囻」という漢字が用いられている。一方、タイトルに用いられた「国」という漢字は、「国土」、「国王」、「破国」、「三国」(天

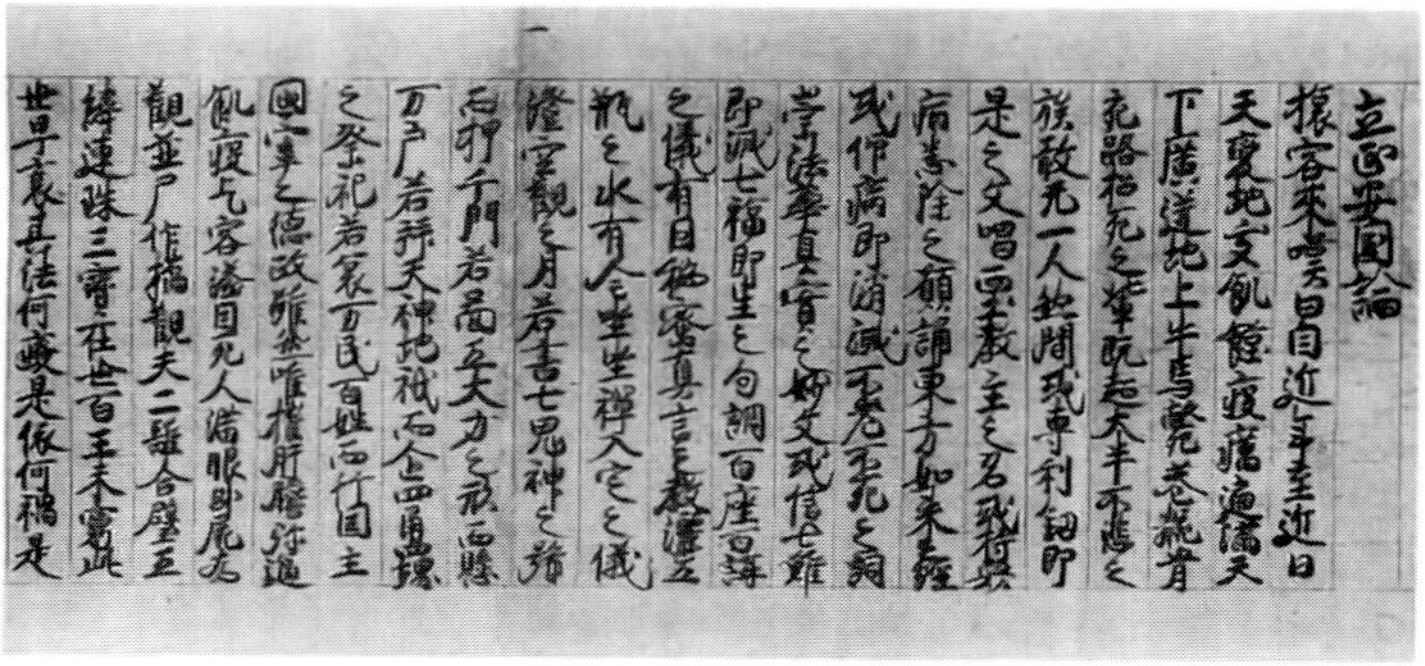

日蓮直筆の『立正安国論』の写本（中山法華経寺 蔵）

竺・唐土・日本）、「其国」、「仏国」、「蒙古国」などわずか十四回しか用いられていない。そして、当時、一般的には一番多く用いられていたと考えられる「國」という漢字に至っては、第七段にある有名な一節「先ず國家を祈って、須《すべから》く仏法を立つべし」のみである。

ただし、この一節は、明治時代に『日本書紀』のテキストから「八紘一宇」というキャッチフレーズを創り出して、日蓮主義に基づく国体思想を鼓舞した田中智學の「国柱会」運動等によって盛んに喧伝されたので、あたかも、日蓮の思想は「国家が宗教より優位である」という「安国」優先論（＝王法為本）というふうに捉えられがちであるが、その直前の箇所、すなわち、「天下の泰平と囻土の安穏は君臣の求めるものであり、土民（民衆）の楽しむものである。囻は法（仏法）によって繁昌し、法は人によって貴ばれるものである。囻が滅び、民が滅亡してしまったら、いったい誰が仏を崇め、法を信じるというのか」という部分を読めば、日蓮自身においては「仏法が国家よりも優先する」という「立正」優先論すなわち「仏法為本」であることは明らかである。

ここで注目しておきたいのは、日蓮は、共に「囻」と「国」と二つの漢字を用いるが、「国王（あるいは囻王）」と「国主（あるいは囻主）」という言葉を使い分けている点である。前節までで述べたように、日蓮の活躍した時代は、すでに「承久の乱」を経て、京都の朝廷よりも鎌倉の幕府のほうが絶対的な優位性を保っていた時代であり、それ故、日蓮自身もこの『立正安国論』の奉呈先を朝廷の天皇ではなく、幕府の得宗にしたのである。しかし、だからといって日蓮が天皇を「もはや価値のないもの」と見なしていたかと言えば、答えはノーである。日蓮も同時代の人々と同じように、「日本の国王は天皇である」と思っていた。だから、『立正安国論』においても、外国の国王ではなく、「日本の国王」というコンテキストでは「国王＝天皇」として用いている。ただし、「国主」については、幕府の執権職を世襲している北条家得宗であると見なしている。これはあたかも、平安末期の院政の時代においても、「日本国王」は天皇であったが、そのさらに上位に「治天の君」たる上皇が君臨し、「院」として政治を壟断したように、日蓮の生きた鎌倉時代中期においても、依然として「日本国王」は天皇であったが、そのさらに上位に「治天の君」たる北条家得宗が君臨し、「執権」として政治を壟断したので、それらの人物を「国主」として認識していたという意味である。

という訳で、日蓮が一番問題にしていたのは、その文字の使用頻度から考えても「囻」という漢字に象徴される「日本の民衆」である。日本語で表記すれば、これらの「囻」と「国」と「國」を区別することができないので、仕方なく「クニ」とカタカナ書きしたが、漢字だとかろうじてこれらの三要素を識別することができるが、読者諸氏により解りやすく説明する方法はないものかと考えて、私は以下の英語の表記を利用するという方法を提唱したい。すなわち、「囻」には「nation」という単語を、「国」には「state」という単語を、そして、「國」には「land」という単語を当てれば、三つの言葉の概念の差がより掴みやすいと思う。「nation」とは「国民」のことであり、「state」とは「統治機構」あるいは「国体」のことであり、「land」とは「領土」のことである。

日蓮が「国」という漢字を用いた時は、日本の場合だと、専ら京都の朝廷や鎌倉の幕府の統治機構のことを現しており、それ以外にも、「蒙古国」や「仏国」といった日蓮自身にとってはリアリティのない認識上の国家のことを現している一方、「囻」という漢字を用いた場合は、極めて具体的な「そこに生活を営む民衆」というものを見据えている。日蓮にとっての「クニ」とは、統治機構としての「日本国」のことではなく、日本の人々がそこに暮らしている「日本囻」であったことは、『立正安国論』中で全七十一回登場する「クニ」という字の内、五十六回もが「囻」であったことからも明らかである。

しからば、『立正安国論』中に一度しか登場しない「國」という漢字については、どのように捉えられていたのであろうか？　そもそも漢字の成立した中国大陸においては、古代の都市国家は城壁に囲まれていた。その後、帝国の版図は拡大の一途を辿ったが、基本的には、最後の王朝となった清朝の紫禁城（現在の「故宮」）に至るまで、皇帝の起居する諸宮殿と各官庁の建物は、ぐるりと高い城壁で囲まれていた。それが「クニ」という漢字の部首である「くにがまえ」となったのである。「国」という漢字はまさに、中央に「玉（＝皇帝）」のおわす統治機構あるいは国体そのものであるが、ここで取り上げる「國」という漢字もまた、城壁で囲まれた都市国家の中に「或」という文字が組み込まれた漢字であるが、この「或」という文字をさらに分解すると、古代の武器である「戈《か》」（矛《ほこ》の一種）をもって、大地を表す「一」と、人間を表す「口」を囲い込んだものという意味である。因みに、現在では「軍事力を行使する」という意味で用いられている「武」という漢字の元々の意味は、敵の「戈」を「止める」抑止力という意味の漢字であった。

このように、中国においても、西洋においても、あるいは、中東においても、古来、皇帝（王）のおわす居城は、外敵の侵入を防ぐために周囲を高い城壁で囲み、さらにその周辺部を帝都として城壁で囲むというのが一般的なスタイルであった。王城に入るためには、深く穿たれた堀を渡り、内側から分厚い城門を開けてもらわなければならなかったことは、読者諸氏も映画のシーンを通じてご存じであろう。洋の東西を問わず、「國家」とは、「高い城壁で囲い込まれたもの」という共通理解があった。北京の故宮（紫禁城）やモスクワのクレムリンなど、これらの状態を現在でもわれわれが目にすることができる。このような「高い城壁で囲まれた王城」という形式が意味をなさなくなったのは、飛距離と破壊力の大きな大砲や高性能なミサイル、爆撃機などといった近代兵器が登場してからのことである。それ故、近代以後に整備されたアメリカ合衆国の首都ワシントンDCには、ヨーロッパの古都とは異なり、初めから城壁など存在しないのである。

ところが、強力な破壊力を有した「飛び道具」など存在しなかった古代においても、王城を城壁で囲まなかったクニが存在する。それが日本である。大唐帝国の「長安」をモデルに条里制を整備した「平城京」にしても「平安京」にしても、長安城の周囲をぐるりと囲んでいた城壁は初めから整備されることはなかった。それどころか、平城京にしても平安京にしても、メインストリートである朱雀大路の南端に「帝都の正門」に相応しい二層五扉を備えた重厚な「羅城門」が造られたが、その羅城門の脇にはなんら袖壁がなく、北京の天安門に見られるような「城壁」が連なって、事実上、その門を潜らねば入城できないという構造にはなっていなかった。だから、たとえ羅城門が閉じられたとしても、その脇へ回り込めば、誰でも自由に通行することができた。その意味では、日本の羅城門は、初めから実力で外敵の通行を阻止する設備ではなく、神社の鳥居のように、そこを潜ろうとするものに精神的にプレッシャー与える装置であった。

何を中心に据えるかで異なるクニの姿

このように、日蓮は「クニ」というものが持つ三つの様態をそれぞれ「別の機能」として理解していた点で日本人離れしている。というか、おそらく、鎌倉に幕府が成立する以前の日本人にとっては、考えるまでもなく京都の朝廷が日本における唯一の正当な統治機構(state)であり、また、蒙古が襲来するまでは、「国産み神話」の時代から、日本列島全体が日本国の領域(land)であり、そこに暮らす人々が日本人(nation)であるということに疑いの念を差し挟む者は誰も居なかったが、日蓮という思想家は、たまたまこれらの条件に疑念を挟む状況が一度に現出した時代(=鎌倉時代)にこの世の生を受けた結果、ユニークな『立正安国論』という著作を世に問うことができたと考えるほうが妥当であろう。

もちろん、この列島上に倭国が形成されはじめた頃から、大陸や半島には「別の民族」が居て、それぞれの国家を形成していたことは、時の為政者なら誰でも知っていたし、それ故、遣唐使や遣新羅使や遣渤海使などが相次いで派遣され、また、平安末期の平家政権は日宋貿易で大きな富を築いたのであるが、それらとはまったく次元の異なる「元寇襲来」という事態によって、それまでの日本人が意識すらしていなかった国家存亡の危機が現実のものとなり、具体的に御家人などの大戦力を九州方面へ派遣した幕府も、また、全国の有力な寺社に「夷敵調伏」の祈祷をするように命じた朝廷も、「日本」というクニを意識せざるを得なくなり、かつ、対馬や壱岐といった島嶼部に暮らす日本人まで助けることは軍事的に不可能であるが、同時に、「本土である博多には一歩も上陸させない」という決意を持って、明確に、命を懸けて(一所懸命)でも夷敵から守るべき日本の領域（land）と日本の人民（nation）と日本の政権（state）を意識させたことは、この国の歴史上、稀有の事態であった。

ただ、残念なことに、次々と諸民族が興亡を繰り返し、かつ、その都度、王朝の入れ替わった中国大陸や欧州大陸や中東地域においては、「当たり前のこと」であったこの「領土」と「人民」と「統治機構」というクニにとって最重要な三要素が、四方を海によって大陸から遠く隔てられている日本においては、「普通のクニ」では本来は「別物」であるこの三つの要素が、中心と半径を同じくする三つの円があたかもひとつの円に見えるように、千年の長きにわたってピッタリと重なっていたので、この鎌倉時代の元寇という国難の時期を過ぎると再び人々の意識から削除されてしまい、日明貿易で栄えた室町時代も、また、これまで日本人が見たこともなかった科学技術と宗教を携えた紅毛碧眼の南蛮人が来たときも、この三つの同心円はピッタリと重なったままで、徳川幕府による鎖国の時代となったのである。

もちろん、江戸時代も長崎の出島のオランダ商館を通じ、西欧の情報も次々と入ってきたし、また、室町時代から継続していた「朝鮮通信使」なる外交使節団も、江戸時代だけでも十二回も来朝しているので、為政者たちは常に「諸外国」ということを気にはかけていたが、だからといって、これらの夷敵が日本に攻め込んでくるような事態や、ましてや、逆に日本人が海外まで進出してゆくようなことは想像もしていなかったので、この三つの同心円は依然としてピタッと重なって、人々からは意識の領域外に置かれたままであった。

クニをめぐるこれらの三要素が再び日本人の意識に登るのは、幕末維新の混乱を経て開国し、欧米のモデルを導入して「近代国民国家」を樹立する明治時代を待たなければならない。国を挙げて取り組んだ殖産興業・富国強兵の結果、十九世紀末から二十世紀初頭に起きた日清・日露の両戦争を経て、アジアで最も早く近代国民国家として欧米列強に互すことになった大日本帝国は、その必然として、台湾や朝鮮半島さらにはその先にある満州の広漠たる大地にまでその版図を拡げつつあった。

しかしここで、六百数十年間日本人の意識から忘れ去られていた問題があらためて顕在化した。すなわち、新たに大日本帝国の版図(land)に加わった地域には、「日本人(nation)の必須条件」とも言える日本語が話せないどころか、衣食住や宗教といった諸文化をまったく異にする旧朝鮮人や旧支那人(支那の英訳はチャイナなので、蔑称ではない)あるいは、当時は「高砂族」と呼ばれた台湾の原住民の人々が、大日本帝国皇帝の「臣民」として編入されることになった。つまり、クニにとっての三要素である領域(land)と人民(nation)がそれぞれ半径の異なるものとなってしまい、それらを依然として同心円として維持し続けるために、強力な求心力のある中心が必要となり、そこに万世一系の天皇を置き、『大日本帝国憲法』を制定したのである。英語では「国体」に相当する語も「憲法」に相当する語も「constitution」であり、これこそまさに「統治機構(state)」そのものである。

「八紘一宇」の大日本帝国というタガを維持するための求心装置として「天皇を戴く国家神道」という新しい宗教を創り出したのである。

ただし、ここで勘違いをしてもらっては困る。日本にとっての朝鮮半島や台湾は、十八、九世紀に西欧列強がアフリカやアジアで盛んに拡大させた「植民地(colony)」とはまったく性格が異なるものであり、現在の韓国人や中国人たちが主張しているような「日本による苛烈な植民地支配」というのは、まったく事実無根の主張である。「植民地」というのは、スペインがラテンアメリカで、英仏がアフリカ大陸で、オランダが東南アジアで行ったようなシステムのことを言うのである。つまり、天然資源や人間(奴隷)といった「資産」を支配地域から継続的に収奪するシステムのことを「植民地」というのであって、台湾や朝鮮における日本のそれは、「収奪」とは真逆の、鉄道や学校といった公共インフラ整備を伴う「持ち出し」であって、経済の用語で言えば「海外投資」であった。古今東西を問わず、植民地統治の常識として、被支配地域の人民から武器を取り上げこそすれ、武器を与えるというような行為は、その武器でいつ反旗を翻されるか判らないのであり得ないことであったが、大日本帝国は新たに版図に加えた旧朝鮮人や旧台湾人も帝国陸海軍の将兵に加え、彼らに武器を配布していたし、旧朝鮮人で閣僚に加わった人や帝国陸軍の中将まで登った人まで居る。

さらに付け加えれば、旧朝鮮の人民にも旧台湾の人民にも、大日本帝国議会の衆議院議員の選挙権も被選挙権も付与されており、京城（ソウル）選挙区選出の旧朝鮮人国会議員まで居た。皆さんも、何故、アメリカ合衆国が宗主国であった英国から独立したかをご存じであろう。英国から大西洋を渡り、ボストンなどのニューイングランド植民地を開拓した「英国人」たちは、英国王に税金を支払っているにもかかわらず、「本国」である英国の議会に対して彼らの選挙権がなかったことに不満を抱いて「No taxation without representation.（代表権なしには課税権なし）」の合い言葉の下に、独立戦争を始めたのである。

一方、大日本帝国は朝鮮半島あるいは台湾に進出した「日本人」どころか、元々、朝鮮半島や台湾に暮らしていた議会制民主主義などという近代的なシステムを知らなかった現地人にまで均しく、大日本帝国議会の選挙権も被選挙権も付与していたのである。これを英米関係に喩えれば、ニューイングランド植民地を開拓した「英国出身者」だけでなく、元々現地に暮らしていたアメリカ先住民（いわゆる「インディアン」）にまで、英国議会の選挙権や被選挙権を付与していたというのと同じことである。つまり、英米関係よりも日朝あるいは日台関係のそれのほうが、数段階「民主的」であって、おそらく当時の世界のどの国よりも海外領土に暮らす元外国人に対して、自国民と同じく「民主的」な権利を付与していたのであって、「日本による植民支配云々」などという世迷い言を述べる政治家やジャーナリストは、歴史的知識が小学生並みだと断じても構わないであろう。

第4章

貨幣経済：中世から近代への転換

「紙幣」の発明がもたらせた変化

「人類最古の文明」と言えるメソポタミアやエジプトの都市国家の成立と時を同じくして、文字・法律・身分・税金・宗教等の現代にまで繋がる人類文明にとって必須の要素が確立されたが、それらの中に「貨幣」も含まれていた。いったん貨幣の流通が始まるや、国家と貨幣は切っても切れない関係となった。ただし、古代から中世に至るまで、洋の東西を問わず、どこの国においても、貨幣の原材料は「それ自体に希少価値がある」金・銀・銅等の貴金属で鋳造されていたので、仮にその貨幣を鋳造した国家が滅びても、あるいは、遠く世界の果てまで持って行ったとしても、その行き先でも「ある一定の価値を持った貨幣」として利用することができた。バグダッドのイスラム帝国で流通していた金貨が遠く離れたノルウェイ沖の沈没バイキング船から見つかることもある。その意味では、貨幣は国家の壁を越えるツールであり、二十一世紀の現代でも、アラブのテロリストも北朝鮮の独裁者も、「敵国」であるアメリカの通貨ドルを用いて自らに必要な物を調達しているのである。

その意味では、人類文明と貨幣の関係は不可分のものであると言える。そんな数千年間におよぶ貨幣の歴史に劇的な変化をもたらせた事象がある。それは「紙幣の発明」である。採掘することが困難で供給量に限りのある貴金属を「貨幣」として鋳造することによって、国家の経済を成り立たせることは、古代以来、人類文明上、ある種の普遍妥当性をもって世界中のあらゆる国家において行われてきたが、いくらでも製造することのできる紙に文字や図柄を印刷しただけの「紙幣」となると、これをあまねく人々に「通貨」して使わせるには人間の既成観念を変えさせる相当な仕掛けが必要であるし、また、供給量に限りのある貴金属製の「貨幣」ではなく、紙幣はいくらでも追加印刷できる代物なので、その通貨としての価値を維持し続けるには、相当な工夫が要る。現在でも、放漫な国家財政規律によってハイパーインフレを起こして、一国の通貨を文字通り「紙切れ同然」にしてしまう国家が後を絶たないことからも、貴金属を鋳造した貨幣と紙幣との間には、超えなければならない相当深い谷間が横たわっている。

モンゴル中統鈔

それではいったい、「紙幣」というものは、いつどこで誰が発明したものであろうか？　結論から先に言うと、一二六〇年にモンゴル帝国第五代（大元帝国初代）皇帝クビライ・ハーンが発行した「諸路通行中統元宝交鈔（中統鈔）」こそが、事実上「人類最古の紙幣」と言える。もちろん、元に先行した金王朝の時代にも「交鈔」は存在したし、それよりも以前の宋王朝の時代にも、重たくて持ち運びに不便な銅銭や鉄銭に代わって、民間で預かり金を担保して「交子」と呼ばれる「預かり手形」が発行されていたが、これをみた宋王朝は、第四代皇帝仁宗治下の一〇二三年、本銭(兌換準備金)を積んで官製の「交子」を発行し、宋の流通経済は大いに発展し、「交子」は「預かり手形」から「紙幣」へと性格を変えた。しかし、それからわずか八十年後の第六代皇帝徽宗の時代(一一〇六年)には、「交子」の発行量はすでに百倍に達して宋本国ではインフレを招いていたが、なんと実際の宋銭は大量に周辺国へ輸出されていた。日宋貿易で巨万の富を得た平氏政権の影響もあって、日本などでは「通貨」として宋銭が流通していた。しかし、実際の「交子」には「界」と呼ばれる「二、三年の期限」が設けられており、その期間中に正貨と交換しなければ「無効」になったので、現在の「紙幣」とは別物であった。

その意味では、金王朝が発行した「交鈔」は、最初は銭の交換券であった宋王朝の「交子」とは異なって、はじめから通貨として発行されていたが、通貨の供給管理が巧くいかず、あっという間にインフレを起こしてしまい、金王朝滅亡の一因となった。金王朝の通貨政策を継承したモンゴル帝国も第二代皇帝オゴデイ・ハーンの時代には、すでに「交鈔」を発行していたが、遼(契丹)の王族出身で、金・元両王朝に仕えた耶律楚材の進言を受けて通貨供給量の上限決めて慎重に調整していたので、インフレは起きなかったのであるが、他のモンゴル族も漢人諸侯も独自の「交鈔」を発行していたので、「統一通貨」と呼べるものではなかった。

それらを統一したのが、中統元年(一二六〇年)にクビライ・ハーンによって発行された「諸路通行中統元宝交鈔（中統鈔）」である。紙幣のほうが重たい銭よりもはるかに便利であることは言うまでもないが、モンゴル帝国によって「中統鈔」と銀の交換を可能とするための兌換準備金にあたる鈔本として銀一万二〇〇〇錠が用意されたが、それでも、過去何千年にもわたって金貨・銀貨を使ってきた人々──特に、非モンゴル人──にとって、越えるべき心理的ハードルは高いものがあった。そこで、この「中統鈔」の受け取りを拒否する者は死罪に処すことにした。そして、ついに南宋を滅ぼして、中国大陸を統一したモンゴル帝国は、その過程で鈔本一三五〇万錠分まで「中統鈔」を実に千倍以上発行したのでインフレが発生したが、その対策として、至元二十四年（一二八七年）に「中統鈔」に代わる「至元通行宝鈔（至元鈔）」を発給して、「中統鈔」と「至元鈔」を五対一の割合で交換、さらに、元帝国が専売品に指定していた塩の売買を「至元鈔」のみに限定したことで、これらの紙幣を通貨として万人が受け入れるようになった。

それにしても、宋の「交子」にしろ、元の「交鈔」にしろ、わずか数十年の間に、その供給量が百倍から千倍になったということは、確かに、人類文明に初めての経済インフレをもたらせたが、そこに至るまでのわずか数十年の間に、経済規模も数十倍から数百倍に拡大させることにもなったということを見落としてはいけない。これらの高度経済成長は、紙幣の発明と普及なしにはあり得なかったのである。しかも、自国民はもとより周辺諸国の人々にまで、自国で印刷した「紙幣」の利用を強要できたのは、担保としての兌換準備金（鈔本）の積み上げではなく、モンゴル帝国の圧倒的な軍事力であったということは言うまでもない。一三六八年、新たに勃興した明帝国によって追われた第十五代皇帝トゴン・テムルはモンゴル高原へ敗走したが、もちろん、元帝国の発行した「交鈔」は二束三文の紙切れとなり、人々は再び銅銭を使うようになった。

これらのことから判ることは、現在、世界の「基軸通貨」として、国際間の決済に米ドルが使われている――たとえ、日中間の貿易であったとしても、米ドルで決済しなければならない――理由は、アメリカ合衆国が世界最強の軍事力を保持し、国家間貿易においては、決済通貨として「ただの紙切れ」に過ぎない米ドル紙幣の使用を、世界中の国々に強要しているからである。三十年以上にわたって米国と対立してきたのに、ある意味「見逃され」て来たイラクの独裁者サッダーム・フセイン大統領が、二〇〇三年になって突然、米国に攻め滅ぼされることになった本当の原因は、イラク原油の輸出に当たって「決済通貨としてユーロを用いても構わない」と表明したことが、アメリカの虎の尾を踏んだからである。

室町幕府の金融政策とダイナミズム

日本の歴史を通じて、「鎌倉」「室町」「江戸」と三つの安定した武家政権があったことは誰でも知っている。ただし、「幕府」という用語が、観念的な武家政権を指すものとして実際に用いられるようになったのは、朱子学が普及した江戸時代中期以後のことであることは、歴史学の研究者以外にはあまり知られていない。しかし、本書においては、一般の読者に解りやすいように、鎌倉や室町や江戸に置かれた征夷大将軍を長とする武家政権のことを、それぞれ「鎌倉幕府」「室町幕府」「江戸幕府」と呼ぶことにしてきた。実際には、鎌倉や江戸の武家政権は、京都の朝廷からは単に「関東」と呼ばれていた。その意味では、桓武天皇の時代に「日本」の領域が現在の東北地方まで達した際、蝦夷との戦いの現地最高司令部を陸奥国の多賀城（後に胆沢城）に設け、ここを陸奥・出羽両国の行政および軍事の大権を有する「陸奥出羽按察使・鎮守府将軍」の在所である「鎮守府」のほうが、朝廷の公式出先機関のように「遠の朝廷」と呼ばれていたことから、よほど公式のものである。ただし、大河ドラマ等に登場するのは、専ら「鎌倉幕府」と「江戸幕府」の成立、すなわち、源平合戦から鎌倉幕府の樹立もしくは、戦国末期から織豊政権を経て江戸幕府が樹立するまでの話ばかりで、「室町幕府」の時代を取り上げたドラマはほとんど放送されない。

明治・大正期に活躍した東洋史学者内藤湖南は「今日の日本を知ろうと思えば、古代の歴史を研究する必要はほとんどない。応仁の乱以後の歴史を知っていたらそれで十分である」と述べ、その後の日本の歴史研究が方向付けられた感があるが、その割には、「室町時代」という時代は一般にはあまり注目されていない。しかし、室町時代という時代は、足利将軍率いる幕府と朝廷と南都北嶺の大寺院という畿内で近接する三つの権門が激しく主導権争いをした結果、それらのすべてが歴史の表舞台から退場することになったという興味深い時代でもある。はじめ、後醍醐天皇と足利尊氏は協力して鎌倉の北条政権を打倒したが、それはあくまで「政権を朝廷の手に取り戻す」ことを目指した後醍醐天皇と、「幕府の実権を源氏（の一門である足利氏）手に取り戻す」ことを目標にした足利尊氏の同床異夢であり、「建武の新政」体制はあっという間に崩壊し、日本史上初めて、京都と吉野に二人の天子が並立するという「南北朝」時代の混乱を迎えた。そして、数十年続いたこの混乱に終止符を打ち、南北朝の再統一を果たしたのが三代将軍足利義満である。その混乱期に編まれたのが、『太平記』であり『神皇正統記』であった。

しかし、「歴史の転換点」として私が注目しているのは、足利義満が武家と公家の両方を統べる事実上の「治天」となってからの時代である。因みに、「室町幕府」という名称は、義満の館が北小路室町に所在したことから「室町殿」と呼ばれたことに基づいている。義満は南北朝の混乱によって疲弊した社会を再建するために必要な膨大な財源を確保するための「遣明使」という「ウルトラC」を思いついた。モンゴル人を中原から放逐して百年ぶり――遼や金といった北方民族の征服王朝まで含めると三百五十年ぶり――に漢人によって中国大陸を統一した大明帝国は、当然のことながら「中華思想」をその基本政策に置き、周辺諸国に対して中華皇帝に朝貢して臣下の礼を取れば、彼らを「〇〇国王」として冊封して、「頒賜物」として、気前よく朝貢した何倍もの金品を下賜していたのだ。

そこで、形式上は「天皇の一家臣」である征夷大将軍に過ぎない足利義満が、日本を代表して大明皇帝に対して臣下の礼をとって朝貢し、「日本国王」源道義として冊封を受け、多額の頒賜金を得た。その額は、当時、最大の権門であった南都北嶺の興福寺と延暦寺から幕府に拠出させた金額の約二十倍、あるいは、急速に勢力を伸ばしてきた洛中洛外の「土倉酒屋」と呼ばれる金融業者から「役《えき》(税金)」として徴収した金額の六十倍にも及んだ。このことに気をよくした義満は、一年おきに遣明船を派遣し、大明皇帝からの「頒賜物」を得るだけでなく、博多商人なども便乗させた「勘合貿易」へと発展し、日明貿易によって巨万の富を稼いだ商人からも徴税すると共に、「唐物」と呼ばれる豪華な調度品や織物が日本に大量にもたらされた。

ただ、時ならぬ「日明貿易バブル」を生み出した義満がこの世を去ると、父義満と不仲であった四代将軍足利義持は、朝廷が義満に追号しようとした「鹿苑院太上法皇」号を固辞し、義満の広大な屋敷(政権の中枢)であった北山第を鹿苑院(金閣)だけを残して取り壊すなど、反動的な政策を執ったが、膨大な金品という実利を得るためであったとしても、日本国王を大明皇帝の臣下とみなす勘合符貿易の廃止(明との断交)を行ったものだから、当然のことながら、この財源に頼りきって放漫財政を謳歌していた幕府の財政が破綻してしまった。現在の日本政府は、国民一人当たり約一〇〇〇万円という総額一二〇〇兆円にもおよぶ巨額な累積財政赤字を抱えているが、この国の政権がいつから財政赤字を抱えるようになったかというと、四代足利将軍のこの時代からだったのである。

その後の室町幕府は、管領職にあった細川氏や山名氏といった有力な守護同士の戦いや各家のお家騒動、足利将軍家自身の家督争い等によって混乱を極めていった。さらには、朝廷や大寺院の荘園から得た年貢（租税）の資金運用先――年利、五〇から六〇パーセントと言われる――であった土倉や酒屋の中には、自ら「領主」として荘園経営に乗り出す者も現れ、畿内周辺の武家や百姓の大半は「借金漬け」になっていった。そこで畿内各地で頻発するようになったのが「徳政一揆」である。この「借金を棒引きにする」という過激な政策は、そもそもその社会において貨幣（市場）経済が普及していないと成り立たない訳であるが、室町時代から江戸時代にかけて十数次にわたって日本へ来貢してきた「朝鮮通信使」の記録には、日本の各地で見聞した文物の中で、「朝鮮の乞食は文字通り食を乞うのに、日本の乞食は銭を求めている」と、日本においては下賤に至るまで貨幣経済が浸透していることに驚いたというエピソードが何度も綴られている。

当然、もし徳政令が実施されたら、貸金業者は死活問題になるので、貸金業者の側も、形式上「貸借契約」という形を取らずに、貸付金の担保となる土地を「売買契約」したことにして、「売券」という証券を発行するようになった。古今東西を問わず人間というものは、自分自身の損得が関わってくると、実に知恵が働くものである。「利率」はどうして決めたのかというと、その土地から予想される米の収穫量によって計算された。現在の株式投資におけるＰＥＲ（株価収益率）のような感覚である。それらの課程で、契約書の書式が徐々に整って行ったが、ここでも、「徳政」の根拠となったのは、鎌倉幕府の祖法である『御成敗式目』にあった「他人の土地でも、二十年間実効支配したら、その土地の所有権は実効支配した側に移る」という項目であった(日本においては現在でも、大きな借金の担保はたいてい土地である)。ということは、土地という紐が付いている借財も、二十年間返済に応じなければ「踏み倒しても良い」という論理が成り立つことになる。何故なら、借金の担保として形式上所有権の移転した土地であっても、その土地を毎年実際に耕して(実効支配して)いるのは、金を借りた百姓の側であるからである。

しかも、中世においては、現代のような誰にでも公開された形で明文化された法律がある訳ではなく、朝廷には朝廷の、幕府には幕府の、寺院には寺院の、荘園領主には荘園領主の法規(規則)があり、人々は自分の属する集団の法に従って争いごとを解決していたが、貨幣経済がこれらのすべての人々の紐帯となっていたので、ルールの異なった集団間で訴訟沙汰が発生した場合、人々は、自分にとって最も有利な法律を適用してくれる法的主体を求めた。このことが、応仁の乱によって弱体化していた室町幕府を「訴訟の仲裁者」として、幕府が制定した法律を諸法の上に置く――基本法としての憲法のようなもの――ことを通じて、幕府の権威回復に寄与した。これには、訴えを裁く幕府の官僚が、基本的には、借りているほう、貸しているほうどちらでも良いから先に訴えた方の意見を尊重する「先訴主義」を取ったので、人々は争って、幕府に仲裁を求めるようになったという裏話もある。

さらにすごいのは、「分一徳政令」という訴訟制度である。これは、貸しているほう、借りているほうのどちらが訴えても、その徳政令実施によって失われる損失額、あるいは得られる利益の一割を幕府に差し出せ（それ故「分一」と呼ばれた）ば、裁判ではそちらの主張を聞き届けるというとんでもない制度まで現れた。貨幣経済や裁判制度というものをよく見ると、その国の国柄が見えてきてとても興味深い。実は、もともと社会的合理性があったが故に「徳政令」と呼ばれたこの借金棒引き策は、戦国時代の到来と共に終焉を迎えるのである。従来は、御家人の騎馬武者とその従者だけが合戦に参加していたが、戦国大名がそれぞれの領国において絶対君主化してくると、家臣団や系列の国人衆《こくじんしゅう》だけでなく、日頃は田畑を耕している百姓まで動員した「万人単位」の武装軍団による合戦が常態化してきた際に、大名が自国の領民や場合によっては敵国の領民に対して「この戦に勝ったら、お前たちの借金を棒引きにしてやる」というムチャクチャな「徳政令」が乱発されるようになり、当然のことながら合戦に敗れたほうの大名が発した「徳政令」自体が「不渡り手形」と化し、もはや貨幣経済の原理とはなんの縁もないことになって、「徳政令」は誰もが忌み嫌う天下の悪法となり、信長・秀吉の天下統一と共に百姓を大量動員する会戦もなくなって終焉を迎えるのである。

江戸幕府の「鎖国」と「開国」

織田信長による天下統一が可能になったのは、中世的な商工業者の市場独占を解散させ、彼らへの課税を禁止した「楽市楽座」を設置したことによって逆に経済的に繁栄し、その豊富な資金力によって南蛮伝来の新兵器である鉄砲をいち早く大量に調達できたからであることは誰でも知っている。信長政権の後を継いだ羽柴秀吉は、信長の政策をさらに推し進め、武家として初の関白職に就き――平清盛も足利義満も太政大臣には就いたが、関白職は藤原摂関家のものだった――朝廷から新たに豊臣姓を賜った。彼らが活躍した時代は、時あたかも西洋人たちが「極東」に到達した時代と重なり、キリスト教の「本場」である欧州で、新興のプロテスタント勢に信徒を奪われたカトリック教会が、「大航海時代」の到来によってスペインやポルトガルが新たに手に入れた広大なアメリカ大陸やアフリカ、アジア諸国で失地回復を目指して、イエズス会等が一大布教活動を開始した時代と重なる。因みに、五百年間の及ぶカトリック教会のミッションによって、現在では、全世界のカトリック教徒の過半が「非白人」である。

信長や秀吉による「天下統一」が行われたのはまさにそのような時代であり、彼らも「南蛮人」（スペイン人・ポルトガル人）たちのもたらした鉄砲をはじめとする新しい科学技術を大いに取り入れた。しかしながら、彼ら（主にバテレン）の目的が日本への布教活動を通じた日本の植民地化であったため、天下統一事業が成し遂げられると、為政者たちにとっては少々面倒な存在となった。そんな中、南蛮人から少し遅れてやって来たイギリス人やオランダ人――彼らは黒髪茶眼の南蛮人とは異なり紅毛碧眼だったので「紅毛人」と呼ばれた――といったプロテスタント諸国の人間は、その主たる目的が専ら通商であったため、秀吉や家康は、キリスト教に対する禁教令は施行したが、貿易そのものは妨げなかった。平清盛の日宋貿易や足利義満の日明貿易よろしく、為政者にとって、外国との貿易の利権を独占できることはむしろ望ましいことであった。

一般的な常識では、「江戸時代の日本外交の基本政策は〝鎖国〟であった」ということになっているが、これは「鎖国」政策の意味を正しく理解していない。江戸幕府の「鎖国」政策とは、キリシタンの布教伝道を主目的にしたスペイン・ポルトガル人の日本入国の禁止。その直前の時代まで積極的に展開されていた日本人の東南アジアへの出国の禁止。幕府による貿易の一元管理を意味し、さらに、朝鮮王国（李王朝）と琉球王国（尚王朝）との「通信（正規外交）」ならびに、中華帝国（明朝から清朝）とオランダ王国（東インド会社）との「通商関係」だけに、対外交流を限定することであった。しかも、このような対外政策は日本に特有のものではなく、同時代の非西洋・非アラブ世界では、むしろ一般的な対外政策であった。因みに、「鎖国」という言葉が広く使われるようになったのは、幕末に日米和親条約が結ばれる際に「開国」か「攘夷」かという論争が起きた結果、その「開国」の反対語として、それ以前の時代を「鎖国」と呼ぶようになったという完全に後付けの政治用語である。

江戸時代の間に、主に新将軍の代替わりを祝って朝鮮通信使は十一回江戸まで来貢したが、その規模は四・五百人にものぼり、対馬を経て一カ月半をかけて関門海峡から鞆の浦、牛窓、兵庫などに寄港しながら瀬戸内海を東進して大坂で上陸。以後は、陸路で二週間ほどかけて東海道を東進……。それに警護のため沿道の各藩士が千五百人ほど動員されるので全体で二千人規模の大行列が、二十年に一度くらいの割合で東海道を往復したのであるから、沿線の多くの一般市民がこの外交使節団を生涯に二回は目撃したであろう。また、長崎の出島（最初は平戸）にあったオランダ商館の歴代カピタン（商館長）は、合計百六十六回にもわたって、往復九十日もかけて江戸と長崎を往復し、将軍に拝謁して献上品を贈呈し、日蘭貿易の許可・継続条件の「御条目」の読み聞かせと「被下物」の授与を受けたので、道中の宿舎などでも多くの庶民が世界で一番平均身長の高い紅毛碧眼のオランダ人を目撃したことであろう。その意味では、一般の庶民はおろか全国の諸大名に至るまで、「禁中並公家諸法度」によって、御所の外に出ることが禁止されていた天皇のほうが、よほど具体的イメージの湧かない存在であったに違いない。因みに、「禁中並公家諸法度」の条文数が十七条であるのは、聖徳太子の「十七条の憲法」を意識したものである。

十九世紀になると、日本周辺の海には、従来の通商目的以外にも欧米の捕鯨船が盛んに操業するようになり、当然の帰結として、彼らは沿岸各地に上陸して薪や飲料水の補給を依頼するようになってきた。当初、幕府は「異国船打払令」を発して、諸大名に対して接近する外国船は、見つけ次第に砲撃して追い返し、また上陸外国人については逮捕せよと海防を命じたが、彼我の軍事力の差が歴然としており、実際に外国人を逮捕して、当該国から正式に抗議(威嚇)されたりしたら対処できないことは明白だった。その上、一八四二年、誰もが「アジアの大国」と思っていた清国が、英国とのアヘン戦争で大敗した情報が及ぶに至って、欧米列強との摩擦を避けたい幕府は、「異国船打払令」を撤回して、新たに「薪水給与令」を発して、ことを穏便に済まそうとしたが、太平洋からアジア大陸に接近しようを思えば、日本列島のどこかを通過しなければならないという日本の地政学上の配置からして、たとえ幕府の「鎖国政策」がなんであろうと、欧米列強との交渉に引きずり出されることになった。爾来、百数十年間の長きにわたって、欧米から見た日本は「アジアの窓口」であり、「アジアの代表」としてみなされ、G7でもアジアから唯一の参加国として認められているのである。

幕末の攘夷か開国かをめぐる路線闘争については、読者の皆さんもよくご存じなので、本書では触れないが、本書が一貫して述べている「通貨」政策という点では、日本は世界でも稀に見る金の産出国であったので、金銀の交換率が重量比で約一対五であった。交換比率約一対十五の欧米諸国からしてみれば、自国の銀貨を大量に持ち込んで日本の金貨(小判)に交換し、それを自国(実際には日本から近い上海等)で銀貨と交換して、再度、日本でその銀貨を金貨と交換すれば、両替を一回転させるだけで三倍の儲けとなり、両替を十回転もさせれば約六万倍の丸儲けになってしまい、あっという間に、日本から大量の金（小判）が欧米に流出してしまうという事態に陥ってしまった。これが最初の日米通貨摩擦であり、江戸幕府崩壊を早める一因となったことは言うまでもない。初代の駐日アメリカ公使となったタウンゼント・ハリスもこの両替で大いに私腹を肥やしたと回想している。

外圧が「近代国民国家」を成立させた

世の中が平和に繁栄している時は、民衆は統治機構はもとより国家そのものの存在すら意識しないことは、中国の伝説の聖天子「堯」の徳を称えた「鼓腹撃壌」のエピソードを紹介するまでもないが、逆を言えば、為政者だけでなく民衆までもが統治機構や国家そのものの存在を意識しなければならない時代は、困難な時代であると言える。その意味で、前節で述べたように、民衆はもとより諸大名に至るまで、京都の御所におわす帝──「みかど」という読み方字体「御門」という場所に由来している──については、その存在については誰でも知っているけれど、「禁裏」という言葉が示すように、具体的にイメージできない存在であったが、異国船が日本近海に出没するようになったことによって、それまではただゆく手を阻む茫漠たる大海原であったものが、その大海原の先に存在する具体的な「異国」を意識するようになったのと同様、この国の最も奥まった禁裏におわす「天子様」という存在を意識させるようになった。

マシュー・ペリー提督率いる四隻の黒船艦隊が江戸湾深く侵入するまでは、多くの武士たちは、自らのことを「幕府の御家人」であるとか「薩摩藩士である」とか「長州藩士である」とか「会津藩士である」とかいったアイデンティティしか持っていなかったのであるが、見るからに異形のアメリカ人の将兵の姿を目の当たりにして武士たちの間には、自分たちの仕える主君の違いよりも、「日本人」としてのアイデンティティが生まれたであろうことは想像に難くない。幕府の御家人や譜代大名の家臣や外様大名の家臣たちが、さらに拡げて民衆に至るまでが「日本人として共に戴けるシンボル」としては、京都の禁裏の奥深くにおわす天子様しかいないことを歴史上始めて発見したのである。

それまで朝廷に対して圧倒的に優位であった幕府と朝廷との力関係が逆転するきっかけとなった「事件」は文久三年(一八六三年)に起こった。紀州徳川家の家督をわずか四歳で継いだ徳川慶福は、安政五年(一八五八年)、一橋慶喜を次期将軍に押す水戸派との主導権争いに勝った大老井伊直弼に推されてわずか十三歳で十四代将軍となり、名を徳川家茂と改め、四年後の文久二年に、公武合体を進めるため孝明天皇の妹宮である和宮を娶った。翌文久三年、将軍家茂は、三千の将兵を率いて、征夷大将軍としては二百二十九年ぶりに上洛し、孝明天皇に拝謁し、大政委任に対する謝辞を述べると共に、異国嫌いの天皇に「攘夷」の実施を約束した。

その後、将軍後見職の一橋慶喜と共に、孝明天皇の賀茂社（上賀茂神社と下鴨神社）参詣の際に、騎乗の徳川将軍が孝明天皇の御輿に供奉するという形となったため、徳川家康によって定められた「禁中並公家諸法度」により御所からの外出が禁止されて以来、二百三十七年ぶりに御所の外へ出た天皇と将軍の上下関係が、供奉した御家人たちはもとより、この行幸を歓喜をもって出迎えた洛中の人々にもハッキリと目に見える形となった。その証拠に、賀茂社参詣に続いて行われた「武家の総氏神」である石清水八幡宮への参詣の際には、将軍家茂は仮病でこれを欠席した。こうして、いったん物事の「流れ」ができてしまうと、事態はあれよあれよという間に思わぬ方向へ進展してしまい、わずか四年後の慶應三年（一八六七年）には、大政奉還ならびに王政復古の「明治維新」を迎えるのであるが、その時には、すでに天皇も孝明天皇から明治天皇へ、将軍も徳川家茂から徳川慶喜へと公武双方の主役まで入れ替わってしまっていたのである。

近代国民国家が「民族」という共同幻想を創り出した

こうして成立した「近代国民国家」である大日本帝国は、前近代社会にはなかった多くの変化をこの国にもたらせた。まずそのはじめは、国民国家の軍として徴兵制を敷き、これまで武器を持つことを禁じられてきた平民を帝国陸海軍の兵士にしたことである。欧州においても、ナポレオンが創設したフランスの国民国家の軍隊が、中世以来の騎士たちによる各国の軍隊よりも圧倒的に強かったことは歴史が証明している。日本では、それまでの七百年間は「戦は武家の仕事」であった。その意味では、近代国民国家の軍隊は、古代の公地公民の律令制社会における「防人」の復活である。つまり、江戸時代までは侍にだけ課されていた主君への忠義を、「天皇の臣民」として百姓の小倅にまで拡大してきたのである。因みに、「武士道」という言葉は、江戸時代にはなかったことを皆さんはご存じであろうか？　武士がこの世から居なくなった明治になってから「武士道」という言葉が創り出され、皇軍の兵士となった日本男子に求められる精神的規範となった。

ところで、封建社会における武士と、近代社会における兵士の最大の違いが何であるかをお判りであろうか？　ここでいう違いとは「刀と銃」といった武器の違いを指しているのではない。もっと本質的な相違点であるが、この相違点について論じた話は、かえってその根本的な違いが極めて本質的でありすぎるため、これまであまり問題にされてこなかった。その相違とは、ひとことで言えば、封建社会の合戦における武士には「己の命を懸ける」価値があり、近代国民国家間の戦争における兵士には「己の命を懸ける」価値がないという点である。どういうことかと言うと、合戦において命懸けの活躍をすれば、主君からその恩賞として加増を受け、その加増された俸禄（知行）は子々孫々に至るまで保証される。文字通り「一所懸命」である。しかも、「この主君の下に居ても目がない」と判断すれば、別のより有望な主君へと奉公先を変更することだって可能である。

一方、近代国民国家間の戦争においては、たとえ銃弾の飛び交う戦地で命懸けの活躍をしても、軍人としての報酬が加増されるわけではないし、せいぜい金ピカの勲章が授与されて昇級されるくらいのものだ。ましてや、自分が到達した階級が子孫に継承される訳でもない。その上、運悪く戦死でもしたら、まるで犬死にである。一家の主の無事生還を祖国で待つ妻子の生活も困窮することになるであろう。しかも、封建時代の主従関係のように、自らの意志で奉公すべき主君を自由に選ぶこともできない。日本に生まれたら日本の軍人に、フランスに生まれたらフランスの軍人になるしかない。こうして考えれば、国民国家の兵士（職業軍人である士官ではなく徴兵された一般兵）ほど可哀想な存在はない。

だから、武運つたなく戦死した将兵に対しては、国民国家として最大限の栄誉を英霊に与えなければならないのである。靖国神社は言うまでもなく、アメリカならば首都ワシントンＤＣの郊外にアーリントン国立墓地があり、無宗教のはずだったソ連でも国家儀礼の執行地である「赤の広場」に無名戦死者を称える墓標がある。資本主義か共産主義かの体制が違ったとしても、おそらくどの国民国家にも同様の慰霊施設が国家によって設けられているであろう。「靖国神社」に対してネガティブな発言をする人は、自ら「国民国家とは何か」が解っていないということを自白しているも同然である。靖国が「神社」の形式を取っているのは、たまたま当時の日本の国家儀礼の形式が神道だったからというだけの意味であり、なんら宗教的に特別な意味はない。参拝した閣僚が「神道方式の拍手ではなく、拝礼するだけなので特定の宗教（神道）に肩入れしていない」なんて言い訳も論外である。もし、日本が当時キリスト教国だったら「靖国教会」になっていて、閣僚は十字を切って拝礼したであろう。仏教国には仏教風の、キリスト教国にはキリスト教風の国立慰霊施設があるだけである。日本の左派系の人々、特にキリスト教関係者は、閣僚の靖国神社参拝をよく問題視するが、彼らに「もし、靖国がキリスト教の教会だったら良いのか？」と尋ねると、「それなら構わない」と答える人も居る。ハッキリ言ってバカである。もし、靖国神社を批判するのであれば、欧米のキリスト教式の戦没者慰霊施設も一緒に批判しなければ首尾一貫しないということが解らないのであろうか……。

ここまで書けば、もう皆さんお判りだと思うが、近代国民国家が成立してはじめて「国民」という概念が確立された。近代以前の世界では、たとえドイツとフランスの間に国境線はあっても、住民がその間を行き来することは、全く自由であって、現在のパスポートのような国家発給の身分証明書の類いは存在せず、ある人物が何国人であるかは、基本的には自己申告に基づくものであった。玄奘三蔵もマルコ・ポーロもパスポートなんか持たずに異国への旅に出かけたのである。「国家」という概念は、古代ギリシャのポリスからオリエントの大帝国の例を出すまでもなく、大昔から存在した。しかし、「国民」という概念は、近代国民国家の成立に伴って新たに創り出された概念であることは、容易に納得して貰えると思う。

ところが、もし私が「〝民族〟という概念も近代国民国家によって創られた」と言ったら、読者の皆さんは「ちょっと待て」と思われるであろう。「近代国民国家によって創られた〝国民〟と違って、同じ言語を話し、外見もよく似ている〝民族〟という概念は大昔からあったはずだ」と指摘する人も多いはずだ。確かに、四世紀末、アジアから西進してきたフン族に押し出される形で、欧州の北東部に居た「ゲルマン民族」が次々と南下してきてローマ帝国領内に侵入し、五世紀初めにフランク王国を建てた。これを「ゲルマン民族の大移動」と言う。と誰しもが学校で習ったはずである。だとすると、「民族」という概念は、近代どころか中世はおろか古代においても存在していたことになる。

確かに、この答えは、ある意味では正しいが、ある意味では間違っている。金髪碧眼のデンマーク人と茶眼黒髪のスペイン人とでは、見た目も話している言語もまったく異なっているので、彼らは「別民族である」と誰もが認めるし、その差は、中世以来少なくとも五百年間は固定している。日本人がいかにフランスに憧れて、五十年間毎日ワインを飲んでシャンソンを歌ったとしても、フランス人のような見た目に変化する訳でもなく、逆にフランス人が五十年間毎日味噌汁を飲んで演歌を歌ったとしても、日本人のような見た目に変化する訳でもないという点では、明らかに「民族」というものは、近代国民国家云々に関係なく存在しているはずである。

しかし、われわれは一九九〇年代前半に旧ユーゴスラビア連邦の崩壊時に起きた「ボスニア紛争」

についてまだハッキリと記憶しているであろう。一九八九年十一月の「ベルリンの壁崩壊」以後、ソ連・東欧地域で次々と社会主義独裁政権が崩壊していったが、それらの多くは社会主義政権から資本主義政権への平和裏な「無血革命」であったが、歴史的にいろんな勢力が攻防したバルカン半島にあったユーゴスラビア連邦は、元々がポーランドやハンガリーのような国民国家ではなかったため、「別の要素」が加わって一筋縄では行かなかった。最初に、連邦の最西端に位置し、イタリアとオーストリアに直接国境を接していたカトリック国のスロベニアは、一九九一年六月、わずか十日間の戦争でユーゴスラビア連邦からの独立を果たしたが、その東隣のアドリア海に面したクロアチアは、スロベニアと同じくカトリック国であったため西側諸国の支援を得られやすかったが、ユーゴスラビア連邦の「盟主」であるセルビアと国境を接していた上、域内にセルビア系住民も多数居住していたため、連邦軍（実質的にはセルビア軍）との戦闘が四年の長きに及んだ。

さらに複雑な様相を呈したのが、クロアチアの東隣のボスニア・ヘルツェゴビナの紛争である。ボスニア・ヘルツェゴビナには、その長たらしい国名からも判るように、はじめからややこしい要素満載である。ユーゴスラビア連邦の一構成共和国であったボスニア・ヘルツェゴビナには、約三十五パーセントのセルビア系住民と約十五パーセントのクロアチア系住民が居る点では、「クロアチア紛争」と類似しているが、この国には、それ以外に、人口構成上の最大勢力として「ムスリム人」が約五十パーセント居住している。実は、生物学的な意味での「民族」を定義すれば、クロアチア人もセルビア人もムスリム人も、外見上の差異はほとんどないし、言語的にもほとんど差異はない。ただ、それぞれの信奉する宗教が、クロアチア人はカトリック教徒、セルビア人は正教徒であるのに対して、ムスリム人はその名が示すようにイスラム教徒であるという点である。これは、バルカン半島が、カトリック教会の西ローマ帝国と正教会のビザンツ(東ローマ)帝国の境界領域にあった上に、十四世紀以来六百年間の長きにわたってオスマン帝国の版図に組み込まれていたので、欧州で最も長くイスラム教の影響を受けた地域となったからである。

そのような特殊な経緯もあって、ボスニア・ヘルツェゴビナ紛争には、クロアチア人は西側のNATO軍が支援し、セルビア人は同じスラブ系正教徒のロシアが支援し、ムスリム人にはアラブ諸国が支援したので、いつまでも武器弾薬が尽きずに、その課程で「民族浄化」と呼ばれる大規模な殺戮などもあったが、三年半に及ぶ凄絶な内戦の後、国連保護軍の駐屯等の国際社会の介入によって内戦は終結したが、それらの課程において「ムスリム人」と呼ばれていた人々は、自らのことを「ボシュニャク人」と呼ぶようになった。つまり、二十世紀末のボスニア・ヘルツェゴビナ共和国の独立によって、突然「ボシュニャク人」という民族が登場したのである。同じような例は、バングラデシュと国境を接するミャンマー北西部のラカイン州のアラカン山脈の西側、ベンガル湾に面した地域に居るベンガル系のイスラム教徒たちが、ここ数年の間に、ミャンマーの軍事政権と対立する国際社会から突如「ロヒンギャ民族」と呼ばれるようになったことからも、「民族」とは国民国家の都合によって、突然、出現したり消滅したりする概念とも言える。

第5章

国民国家の統合原理としての宗教の復権

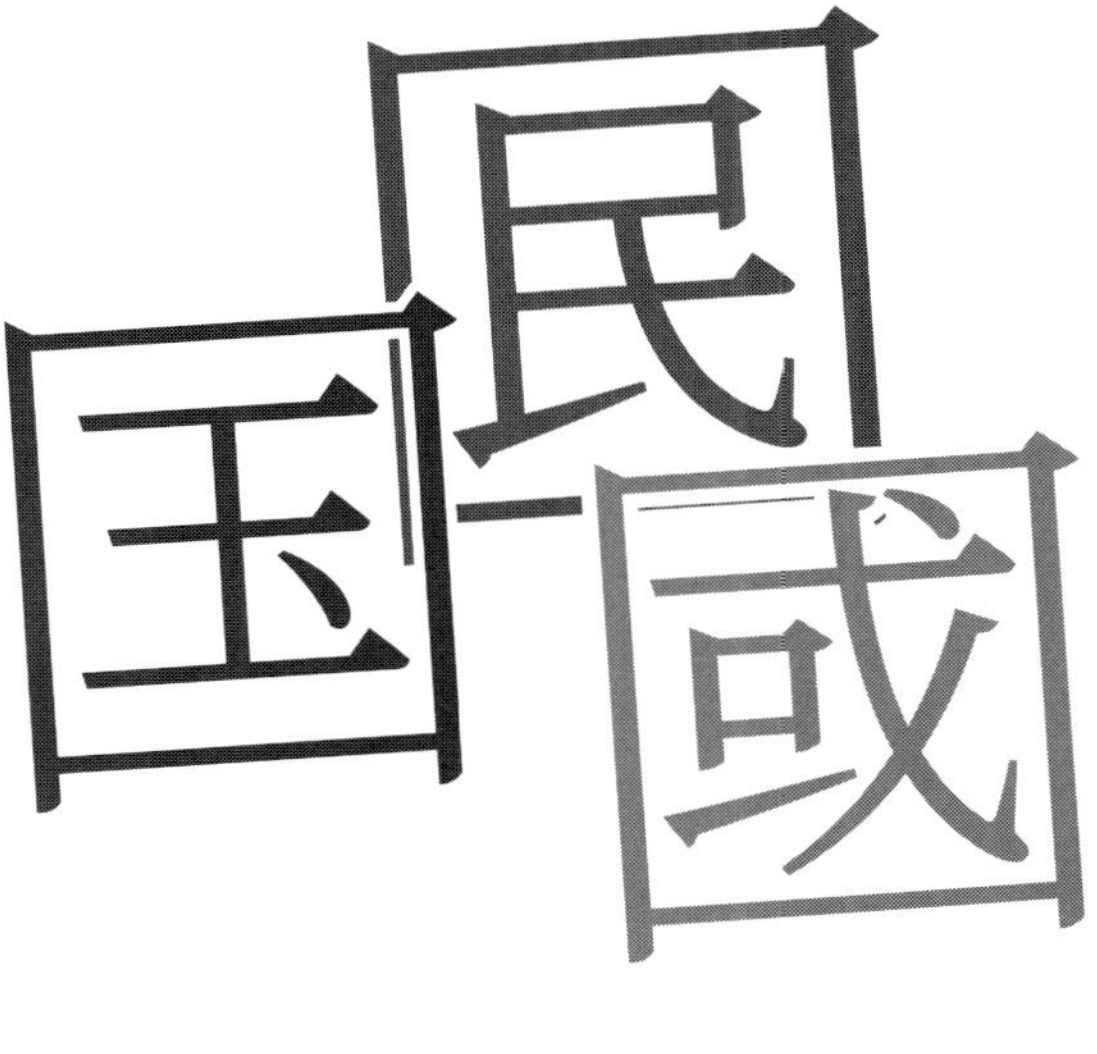

「国民」＋「国体」＝近代国民国家の正式名称

第三章では、鎌倉期の蒙古襲来や日蓮の『立正安国論』を取り上げて、「クニ」というものの三つの要素として、「領土(land)」と「統治機構(state)」と「国民(nation)」というものがあると指摘した。そして、前章では、「近代国民国家の成立」について取り上げたが、これらの定義が正しいことは、現在、世界にある二百近くの独立国家の正式国名を見れば、一目瞭然である。それらのほとんどは、「国民」名と「国体(統治機構)」の合体したものである。曰く、スペイン王国、フランス共和国、ドイツ連邦共和国……。すなわち、闘牛とフラメンコを愛するスペイン人による君主制の国家、シャンパングラスを手にシャンソンを歌うフランス人による共和制の国家、ソーセージをあてにビールジョッキを傾けるドイツ人による連邦制の国家……。他にも、イラン・イスラム共和国はイラン人によるイスラム法が支配する共和国であり、ラオス人民民主共和国はラオス人による社会主義の国家である。

世界中のほとんどの独立国家が、上記のような「国民」＋「国体」を併せ持った国名を名乗っているが、ごく稀に「そうでない国家」が存在する。例えば、一九二二年から一九九一年まで欧州からアジア大陸にかけて広大な「領土」を有して存在したソ連という国家である。この国家の正式名称は「ソビエト社会主義共和国連邦」であり、小学生の時、日教組活動に熱心だった担任教師からこの長ったらしい名前を一生懸命覚えさせられた記憶がある。読者の皆さんは、このソ連の正式国名を見て、何かおかしいと感じないか？

「ソビエト」とは「労働者・農民・兵士の評議会」という意味のロシア語であり、普通名詞である。もちろん、それに続く「社会主義共和国連邦」も統治システムのことであるから、なんと「固有名詞のまったく入らない」国名なのである。「ソ連」と聞くと、われわれはなんとなく「ロシア人による社会主義国家」と思っているが、それは大間違いであって、ソ連邦にはその広大な国土故に、ロシア共和国やウクライナ共和国をはじめ十五の構成共和国と二十二の自治共和国、さらには、それよりも下位の自治州をはじめ百近い少数民族が「ソビエト」という社会主義システムの下で暮らしていたのである。

逆の見方をすれば、ソ連という国家は、ポーランドやルーマニアやバルト三国にしたように、隣接する諸国家を軍事的威嚇をもって併呑したとしても、なんらやましいことはない。何故なら、彼らの正式国名は「ソビエト社会主義共和国連邦」であり、普通名詞である統治機構のシステムだけがあって、地域名や民族名という固有名詞がなく、原理的には「世界中がソ連になる(世界革命)」ことを目標に掲げているからである。だから、ソ連は「国家」というよりは、ある意味で「宗教」みたいなものである。十六世紀にカトリック教会を全世界に広めるために、当時の感覚で言えば「地の果て」である極東まで宣教に行ったイエズス会のフランシスコ・ザビエルと同じ感覚である。現地人の生活風習や宗教観などどうでもよく、世界中の人々をただひたすら「正しい教えであるカトリック教会」へと導くことであった。その意味で、宗教とソ連は姉妹のような関係であり、それ故、ソ連では近親憎悪で宗教が敵対視されたのである。その意味では、かつてのソビエト連邦と現在のロシア連邦とは、まったく性質が異なるのである。

他にも、旧ソ連のような国家が存在する。それは「中国」である。かつてのソ連は、社会主義を「伝道」するための武器である軍事力は突出していたが、経済力がからっきしだったので、超大国であるアメリカにとってそれほど「恐れるべきもの」ではなかったが、現在の中国は、軍事力に加えて世界第二位の経済大国でもあり、現在の経済成長ペースがこのまま維持されれば、十年後には中国のGDPがアメリカのGDPを抜くと言われており、アメリカにとっても大いなる脅威であるが故に、トランプ政権は中国の経済的発展を妨げようとしているのである。しかも、日本人の多くは、かつてのソ連と現在の中国はまったく別であると思っているが、この見方は、大いに間違えている。

それは、中国の正式名称である「中華人民共和国」を見れば一目瞭然である。「中華」とは「世界の中心」という意味であり、もちろん、「人民共和国」は統治システムのことであり、どこにも、麻雀しながら紹興酒を飲んでいるシナ人の国とは書いていない。だから、周辺のチベット人やウイグル人やモンゴル人の国家を併呑しても、なんら恥じることはない。毛沢東の巨大な肖像画が掲げられている北京の天安門には、「中華人民共和国万歳」というスローガンと共に「世界人民大団結万歳」という国家目標がデカデカと記されているではないか……。明らかに「別の国」である台湾を自らの「一地方」と公言し、南シナ海の珊瑚礁を勝手に埋め立てて「領土宣言」し、日本の尖閣諸島にまでちょっかいを出しているのがその証拠である。金正恩《キムジョンウン》という稀代の暴君が統治する独裁国家の北朝鮮ですら、正式国名は「朝鮮民主主義人民共和国」であって、「国民」＋「国体」という国民国家の雛形に則しており、決して「キム共和国」ではないことからしても、「中華人民共和国」という国家がいかに異常な国家であるが判る。

一方、「統治機構」しかない「ソ連・中国型」国家の真逆で、「国民」だけで「統治機構」の規定のない国が二十カ国ほど存在するが、その大半は、ジャマイカ、グレナダ、セントビンセント、バルバドス、セントルシアなどの英国やスペインから独立したカリブ海の小さな島嶼国である。それ以外に、カナダやオーストラリアやニュージーランドといったそこそこの経済的規模のある先進国もあるが、彼らは「英連邦《コモンウエルス》」にも属している（女王エリザベス二世を共通の国家元首と仰いでいる）ので、「国体」に関する規定がないとは言い切れない。それら以外で、正式の国号の中に「国民」だけが規定されていて、「統治機構」についてまったく触れられていない国家と言えば、「モンゴル国」や「イスラエル国」や、わが「日本国」が挙げられる。

ロシアと中国という「大国」に挟まれたモンゴルは、中世には一時、東アジアから東ヨーロッパまで及ぶ世界最大の帝国を築いていた時代もあった。二十世紀後半の社会主義時代には「モンゴル人民共和国」という国号であったが、現在では単なる「モンゴル国」である。イスラエル王国が成立したのは紀元前十一世紀にまで遡れるが、紀元前七七二年にアッシリアに滅ぼされて以来、再建する度に、新バビロニア、アレクサンダー帝国等にたびたび滅ぼされ、ついに一三五年、ローマ帝国によって完全に滅ぼされて、ユダヤ人たちは世界の各地に四散させられ(ディアスポラ)、シリア・パレスチナ属州としてローマ帝国の一部に組み込まれた。その後も、近代のオスマン帝国に至るまで、千八百年近くユダヤ人たちは「約束の地」を追われていたが、一九四八年にアメリカの強力な後押しでこの地に「イスラエル国」が建国されて以来、周囲をすべて「敵であるアラブ諸国」で囲まれているにもかかわらず、圧倒的な兵器の性能差や将兵の練度の差があり、七十年以上の長きにわたってその独立を維持してきた。イスラエル人にとって大切なことは、統治機構云々ではなくて、とにかく、祖国の領域を近隣諸国からの攻撃に耐え、神ヤハウェからの「約束の地」を守ることである。

そして、いよいよわが「日本国」である。天皇陛下が居られるのだから「共和国」でないことは明白だが、だからといって「王国」でもない。ただの「日本国」なのである。すなわち、日本国にとって究極的関心事は、「統治機構」云々ではなくて、日本列島というこの「国土」と日本人という「国民」そのものなのである。神話において、イザナギ・イザナミが最初に産み出したのも「島々(国土)」

である。そして、日本「国民」の条件は、「日本人の父と母の間に生まれる」という一点に絞られていることは以下の例からも明らかである。一九九〇年から二〇〇〇年までの約十年間、南米のペルー共和国の大統領であったアルベルト・フジモリ氏がブルネイでのAPECサミットに出席した帰途、日本に立ち寄った際にクーデターが発生してペルー共和国の大統領を辞した。その後、ペルーの司法当局は、フジモリ前大統領を殺人罪で起訴し、日本政府に対してフジモリ氏の身柄引き渡しを要求したが、日本の法務省は、「反対勢力が政権を取ったペルーにフジモリ氏の身柄を引き渡したら、公正な裁判が受けられないであろうから、人道的理由で引き渡さない」といったような世界中の誰でも理解できるような普遍的な理由ではなく、驚くべき理由で身柄の引き渡しを拒否したのである。

法務省は「フジモリ氏は、その父も母も佐賀県出身の日本人だったので、当然、彼はずっと日本人であった」と宣った。「手続きの不備」とかいって適当な理由でごまかせる一介の一市民ならいざ知らず、仮にもほんの数日前まで、「ペルー共和国の国家元首であった」者が、同時に、「ずっと日本人であった」というのである。失脚した国家指導者の身柄の引き渡し云々よりも、世界中の人々が驚いたのが、この日本法務省の論理である。日本政府にとって、「彼もしくは彼女が日本人である」ということのほとんど唯一の条件が、「彼もしくは彼女の両親が日本人である」ということである。たとえ、彼もしくは彼女が日本語を全然理解できなくても、あるいは、外国勢力と手を組んで反日的な言動を繰り返そうとも、「彼もしくは彼女の親が日本人」でありさえすれば、「彼もしくは彼女は日本人である」ということである。逆にたとえ彼が、日本中の誰からも知られていて、日本語も流暢に話す〝国技〟大相撲の横綱であったとしても、モンゴル出身の関取は「日本人ではない」ので、引退後、「親方」になれない（年寄株を取得できない）。一方で、まったく日本語が理解できない中国残留孤児や日系ブラジル人三世であっても、彼もしくは彼女の親あるいは祖父母が日本人であると主張すれば、その配偶者まで含めて比較的簡単に日本国籍を取得することができるのである。こんないい加減な論理が大手を振って罷り通るのは、日本という国家が「国民」だけあって、「統治システム」について、何も規定していない国家であるからである。

大日本帝国の統合原理としての「国家神道」

私はこれまで、「クニ」というものの三つの要素は、「領土(land)」と「統治機構(state)」と「国民(nation)」であると再三指摘してきた。ある国家が安定した状態にあるときは、これらの三要素がほぼ同一円上に重なるので、かえって人々にはそのことが意識されないということについても、「鼓腹撃壌」の故事を例にして述べた。しかし、実際には、これらの三要素は「本来は別のもの」であり、これらの三要素がいったんバラバラになってしまうと、これらを人為的に再統合するためには、相当なエネルギーが必要であることも「ユーゴ紛争」を例に述べた。日本も、鎌倉時代の一時期、元寇によってこれらの三つの同心円の直径が異なるような事態が生じかけた。それ故、日蓮が『立正安国論』を著したように、その問題を自覚する者も現れたが、再び外患からの国家の安寧が確保されるようになると、いつの間にかそのような感覚を持つ者も姿を消し、表面上は「鼓腹撃壌」の世界へと戻っていった。

これらの問題が再び、多くの日本人に意識されるようなるのは、明治維新を経て大日本帝国の成立以後のことである。もちろん、室町時代の後期には南蛮人も多数渡来し、江戸時代だって朝鮮通信使が定期的に来日したので、「日本の周囲には異国がある」ということは、ほとんど全国民が理解していたが、江戸時代ですら、自国のことを「日の本」という単なる地理的概念だけで呼んで、統治機構云々についてはまったく意識すらしていない。何故なら、南蛮人や朝鮮人は、明々白々の外国人であったし、「日本」の領域および誰が日本人であるかも明々白々であったからである。そういう場合には、たとえ京の都におわす天子様のお姿を誰も実際に拝したことがなくても、「禁裏の奥の賢き辺り」で十分その機能を果たしていたのである。

ところが、日清戦争の結果、一八九五年（明治二十八年）に大日本帝国と大清帝国の間で締結された「下関条約」によって、台湾の住民の意思に関係なく台湾が日本に割譲され、続いて、一九一〇年（明治四十三年）に大日本帝国と大韓帝国の間で締結された「日韓併合条約」によって朝鮮半島が大日本帝国の版図に組み入れられた。因みに、朝鮮半島が日本の一部になったのは、朝鮮人自らの意志によって選ばれた李完用《イヨンワン》首相からの要請に基づいてのことであり、二千年の長きにわたって中華帝国の「属国」として冊封を受けていた朝鮮半島の最後の王朝である朝鮮王国（李王朝）が、大日本帝国の急激な近代化によって、長年東アジア諸国間の関係を規定してきた「華夷秩序」の綻びに乗じて、朝鮮王国から大韓帝国へと国号を変更――「帝国」を名乗るということは、中華皇帝の権威を否定するという意味――した結果のことであり、現在、韓国人が吹聴しているような日本による一方的な「植民地支配」でないことは言うまでもない。朝鮮王朝第二十七代純宗にして大韓帝国二代皇帝であった李垠《イチヨク》とその一家は、日本に併合された後も、従来どおり京城（現ソウル）の昌徳宮に住み続け、「李王殿下」を称し、日本の皇族と同等の扱いを受けた。

このように、明治維新による近代国民国家形成からわずか三、四十年の間に、大日本帝国の版図が急激に拡大し、「日本語を話せない日本国民」が大量に発生したことによって、国家を構成する「領土」、「国民」、「国体（統治システム）」の三要素が必ずしもピタリと重ならなくなったことにより、再びこれらを結びつけるための「新たな神話」が必要となった。そこで持ち出されたのが、三百諸侯が並立した江戸時代を終わらせ、大日本帝国という近代国民国家を成立させるために担ぎ出された「天皇」であった。シナ語を話す台湾島の住民も、朝鮮語を話す朝鮮半島の住民も皆、等しく「天皇陛下の赤子」として、大日本帝国の「良き臣民」となるための「皇民化政策」が実施され、それまで庶民のための学校など存在しなかった台湾や朝鮮半島においても、日本本土と同様の学校教育が施され、「同化」政策が実施された。

何度も言うが、これは決して「植民地」ではない。アジア・アフリカ・アメリカ大陸を「植民地」化したスペイン・ポルトガル・オランダ・イギリス・フランスといったヨーロッパの列強が、その植民地地域に、本国の国民から集めた税金で現地人のための学校を作ったというような話は聞いたことがない。彼らにとっては、植民地とは、あくまで天然資源や人力を収奪する対象であって、本国の資金や資源を投資する対象ではなかった。もちろん、朝鮮半島にも台湾にも、大日本帝国議会の選挙区があり、朝鮮半島出身者や台湾出身者にも、ちゃんと選挙権も被選挙権もあったが、このような「植民地」は聞いたことがない。アメリカが何故、イギリスから「独立」したかというと、英国から新大陸へ移民した人々が、依然として英国へ税金を納めているにもかかわらず、英国議会への選挙権がなかったため、「選挙権なしに課税なし」という要求を英国王に突きつけ、その要求が無視されたので、独立戦争を起こしたということも既述の通りである。一方、日本は朝鮮半島や台湾に移民した人々どころか、もともと、議会制度すらなかった朝鮮人や台湾人に対しても、選挙権も被選挙権も「本土並み」に与えていたのである。これをイギリスとアメリカの関係で言うと、「インディアン」などの先住民に対しても、英国本土の議会の選挙権と被選挙権を与えていたというのと同じことであり、当時、大日本帝国が世界で最も民主的な国家であった証《あかし》と言えよう。

このような経緯の中で、言語や宗教や民族の歴史や文化の異なった「新日本人」をひとつに束ねるための装置として「万世一系の天皇」や「国家神道」というシステムを採用したのであって、その趣旨からして、天皇はひとり「日本人だけのための王」ではなくて、文字どおり「八紘を一宇となす天子」であり、国家神道も「単なる一宗教」ではない、それを超越したものであるとするセオリーを構築したのである。日本政府が、朝鮮半島や台湾出身者を差別していなかった最大の証拠は、彼らを帝国陸海軍の軍人として徴用したことである。もし、彼らを差別し、信用していないのであれば、彼らに反乱のチャンスを与える武器弾薬を手渡すはずがない。現時点になって「日本に不当に徴用された」などと世迷い言を言っている連中や国家もあるが、帝国陸海軍の将兵として召集したということが、彼らを内地人（日本人）と差別していなかった何よりの証拠であり、朝鮮半島や台湾が植民地ではなかった査証でもある。

新しい「統合原理」としての「社会主義」国家の建設と崩壊

前節では、大日本帝国の統合原理としての「国家神道」を取り上げたが、本節ではソビエト連邦の統合原理について考察してみよう。ソビエト連邦は、一九一七年にロシア帝国で起きた「十月革命」を率いたウラジーミル・レーニンを指導者と仰ぐボリシェビキのよって樹立されたロシア社会主義連邦ソビエト共和国にその起源を発する。その後、旧ロシア帝国領内で赤軍と白軍による内戦が数年間続いたが、最終的に内戦に共産主義者が勝利するプロセスで、ロシア以外に、ザカフカース(現在のアゼルバイジャン、アルメニア、ジョージア等のカフカス地方諸国の連邦国家)、ウクライナ、白ロシア(ベラルーシ)の各社会主義連邦ソビエト共和国が平等な立場で加盟して、一九二二年に「ソビエト社会主義共和国連邦」として成立した。一九二四年のレーニン死去後、レフ・トロツキーらとの権力闘争に勝利したヨシフ・スターリンの下で、拡大発展したソ連は、最終的には、ロシア、ウクライナ、白ロシア、ウズベク、カザフ、グルジア、アゼルバイジャン、リトアニア、モルダビア、ラトビア、キルギス、タジク、アルメニア、トルクメン、エストニアの十五の社会主義共和国による連邦制の国家となった。

ただし、あの二十世紀最大の版図を持つに至ったソビエト連邦がそんなに単純に成立したとはにわかには信じがたい。そもそも、十九世紀の中頃に活躍したドイツ出身の経済学者で思想家のカール・マルクスによると、資本主義社会が十分に発達すると、「持つ者」と「持たざる者」の格差が拡大し、経済力の行使によって議会制民主主義が十全に機能しなくなり、その結果、プロレタリア革命が起こって社会主義国が成立することになっていた。マルクスは、自らの理論が想定する社会主義革命を起こすのは、一早く産業革命を経て工業化したイギリスのような議会制民主主義国家であろうと思っていた。ところが、実際にプロレタリア革命が起きたのは、欧州周縁部にあって、産業革命どころか未だ国民の大半が農奴という最も〝遅れた〟地域であるロシアにおいて、世界で最初の社会主義国家が成立したのである。この論理的矛盾は、いったいどこから来るのであろうか？

私は先ほど、「旧ロシア帝国領内で赤軍と白軍による内戦が数年間続いたが、最終的に内戦に共産主義者が勝利」したと、歴史の教科書どおりの記述をしたが、実は、それはロシアの実態を正確に反映したものではなかった。われわれは、ややもすると、「赤軍」が帝政に反抗するボリシェビキで、「白軍」が帝政を支えるブルジョワ側の軍隊だと思いがちであるが、実は、「白軍」が代表するのは、サンクトペテルブルグやモスクワに象徴されるロマノフ家のロシア支配体制の継続を願う勢力——当然、ロシア正教会も含まれる——であって、それに対して各地で蜂起したのは、カフカス地方の諸民族や中央アジアのトルコ系諸民族のイスラム教徒たちであった。彼らの「反ロシア」意識を巧く「赤軍」に取り込んだのが、自分自身、グルジア出身のヨシフ・スターリンであった。因みに、「スターリン」というのは彼のペンネームで、ロシア語で「鋼鉄の人」という意味である。彼の本来の名前は「イオセブ・ベサリオニス・ゼ・ジュガシヴィリ」というおよそロシア人っぽくない名前である。以上のような経緯もあって、スターリン治下のソ連では、自分たちの社会主義体制を裏付けるイデオロギーを「マルクス主義」ではなく、「マルクス＝レーニン主義」と呼んで、科学的な社会主義に「血の論理（民族）」を組み合わせたものとなった。当然、これらの国々の人々は、産業革命の恩恵や議会制民主主義社会というものを経験せずに、共産党一党支配の独裁体制下の国民とされた。同じような類型は、中国における「毛沢東主義」やユーゴスラビアの「チトー主義」や北朝鮮の「金日成主義(主体思想)」にも見られるように、純粋なマルクス主義国家は、現在まで出現していない。

ソビエト社会主義共和国連邦という国家は、このような経緯によって成立したのであるから、その体制が崩壊した理由も、巷間言われているような「米ソ間の冷戦」に敗れたからでもなく、また、「市場経済と計画経済間の競争」に敗れたからでもない。一九八五年にソ連共産党の最高指導者である書記長の地位に就いたミハイル・ゴルバチョフは、長年停滞していたソビエト社会へのカンフル剤として、「ペレストロイカ(再構築=改革)」と「グラスノスチ(情報公開)」という手法を導入して、ソ連より西側社会により近い───社会主義体制になる直前に民主主義を少しだけ経験したことがある───東欧諸国に対して「新思考外交」という理念に基づき、彼らの民主化革命を支持して、ソ連の「藩屏」たる東欧諸国の離反を黙認し、長年続いた「米ソ冷戦体制」を終結させた。

しかしながら、その一方で、ソビエト連邦内での民族主義の高揚を押さえることができなくなり、国内政治における保守派と改革派の対立が激化する中で起きたソビエト連邦と各構成共和国の関係を再構築する「新連邦条約」締結の前日に当たる一九九一年八月十九日にモスクワで起きた「八月クーデター」によって、事実上失脚し、同年の十二月八日に、ボリス・エリツィン率いるロシア共和国とウクライナ共和国とベラルーシ共和国がソビエト連邦から脱退し、これに代わる「入れもの」としての独立国家共同体（ＣＩＳ）が創設されたことによって、ソビエト連邦の崩壊は避けられなくなり、西側諸国がクリスマスを祝う中、十二月二十五日、ゴルバチョフ氏がソビエト連邦の最初で最後の大統領を辞任して、七十年間にわたる壮大な社会実験は終了を告げた。因みに、ロシアにおけるクリスマスは、東ローマ帝国の流れを引くロシア正教会が、西ローマ帝国の流れを引くカトリック教会が十六世紀末になって採用したグレゴリオ暦ではなく、ローマ時代からのユリウス暦を使い続けているので、「約二週間の誤差」が生じ、われわれが日頃親しんでいるグレゴリオ暦では一月七日に当たる。

「ペルシャ民族」と「イスラム革命」

二十世紀末のソビエト連邦の崩壊は、一部始終をこの目で見ることができた。二十世紀初頭のロシア革命については、一九五八年生まれの筆者は資料でしか知ることはできなかったが、一九七八年から七九年にかけてイランで展開された「イスラム革命」については、筆者は多感な学生時代であったし、一九七一年、その後の革命で倒されることになる「シャー・アン・シャー（諸王の王）」ことパーレビ（パフラヴィー）皇帝に筆者の祖父（三宅歳雄）が、オリエント学者でもあられた三笠宮崇仁親王殿下と共にイラン建国二五〇〇年式典に招かれた関係もあり、大変親しみを感じていたこともあって、テレビのニュース映像を通じて日々流される「イラン革命」と「アメリカ大使館人質事件」の映像を食い入るように視ていたことを今でも覚えている。

日本人に、「中東の大国はどこか？」と尋ねると、アラビア半島の中央に位置し、聖地メッカを有し、金満の産油国であるサウジアラビアを挙げる人が多数を占めるであろうが、その認識は間違えている。アラビア半島に位置する「アラブの国々」は、サウジアラビアを筆頭に、イエメン、アラブ首長国連邦、クウェート、オマーン、カタール、バーレーンの七カ国を数えるが、それらの人口をすべて合わせても、イラン一国とほぼ同じである。これは、地理的には「中東」と「欧州」にまたがっているトルコとほぼ同規模である。しかも、同じ「イスラム教国」とはいっても、他の多くのアラブ民族の国々が「スンニ派」であるが、イランの場合は「シーア派」に属するということについては、日本でも多くの人が認識している。スンニ派とシーア派の違いについては、第一章第五節の『アッバース帝国の時代』で詳しく述べたので、あえて重複は避けたい。

パーレビ皇帝から招かれた筆者の祖父母

だが、イスラム教徒全体の中では少数派とは言え、シーア派が国民の中で多数派を占める国と言えば、イランの他にも、シリアやイラクもシーア派優勢の国家である。それでは、中東のイスラム諸国の中でイランを特徴付ける最大の要素は何かというと、トルコと同じく「アラブ民族ではない」ということである。それ以外にも、トルコ同様「高原の国」であり、かつ、悠久の歴史を有する「由緒正しい」民族であるということである。イランは、歴史上「ペルシャ」と呼ばれた地域と版図がほぼ重なっており、言語学的に言えば、ペルシャ民族は、セム語族のアラブ民族とはまったく異なる「インド・ヨーロッパ語族」に属する人々である。

人類の都市国家文明の曙の地であるメソポタミアに近いイラン高原には、古代から多くの国家が興亡を繰り返したが、特筆すべきは、キュロス二世によって紀元前五五〇年に建国されたアケメネス朝ペルシャ帝国である。ペルシャ帝国の勃興のおかげで新バビロニア帝国によって「捕囚」の憂き目を見ていたユダヤ人たちが解放され、彼らが捕囚中にメソポタミアで見聞きした「洪水神話」や「バベルの塔」などのエピソードが、イスラエルの故地に帰還した後に成立した『旧約聖書』冒頭の「創世記」における「ノアの方舟」や「都市とその塔」のエピソードとなったことは有名である。キュロス二世の息子カンビュセス二世の時にエジプトも支配下においたペルシャ帝国であったが、カンビュセス二世の死後、王位継承をめぐってしばらく混乱したが、アケメネス家出身のダレイオス一世が即位すると帝国は治まり、西はトラキア（現在のブルガリア）から東はインダス川流域（現在のパキスタン)までを版図とする広大なペルシャ帝国を建て、ゾロアスター教の最高神アフラ・マズダーの恩寵によって(王権神授説)王になったと宣言し、自ら「諸王の王(シャル・シャラーニ)」と名乗った。

ダレイオス一世がヨーロッパの歴史に名を残すことになったのは、当時、勢力下に置いていたギリシャ地方において紀元前四九九年に始まったイオニアの反乱と、それに続く、五十年間におよぶ「ペルシャ戦争」の始まりである。反乱を起こしたイオニアに大規模な兵力を派遣し、ギリシャの多くのポリスがダレイオス一世に恭順の意を表したが、アテナイとスパルタは反旗を翻して、エーゲ海を挟んでペルシャ帝国と全面戦争に突入した。この結果、ヨーロッパとアジアの文化圏の境界が画定し、その境界線は、二千五百年の歳月を経ても変わっていない。ペルシャ戦争は、いろんな伝記のネタを歴史に提供したが、中でも有名なものは紀元前四九〇年の「マラトンの戦い」である。しかし、ダレイオス一世はそのあまりにも大きな版図故に、常に各地で反乱が勃発して、それに対処するため、各地に転戦したため、対ギリシャ戦争にだけ全力を傾注することができず、紀元前四八六年に没した。

数あるダレイオス一世の息子の内、キュロス二世の娘アトッサとの間にもうけたクセルクセス一世が後継者となったが、彼は紀元前四八四年にバビロンとエジプトの反乱を平定すると、紀元前四八一年に帝都を発ち、一七〇万人の歩兵と四二〇〇艘の艦船に五一万人の水軍を率いて、ギリシャを攻め、大規模な戦闘が各地で繰り返されたが、最終的には、紀元前四八〇年の「サラミスの海戦」でギリシャのポリス連合軍が勝利したことによって、その後、散発的な戦闘は各地で展開されたが、東洋と西洋間の「文明の衝突」とも呼べる大規模な「ペルシャ戦争」は事実上、終結した。また、ペルシャ帝国からの脅威がなくなると、その次は、「ペロポンネソス戦争」のようにギリシャのポリス間でのアテナイとスパルタの主導権争いが頻発した。

長年にわたってギリシャを攻め続けたペルシャ帝国は、あろうことか、その終末をギリシャ側からの反撃によって二百七十年続いた大帝国があっさりと滅亡するのである。それは、紀元前三三六年に、暗殺された父フィリップ二世の後を受けてバシレウス(王)となったマケドニアのアレクサンドロス三世(大王)が、瞬く間にギリシャの諸ポリスを統一して、同三三五年に東方遠征を開始。同三三三年には、イッソスの戦いでダレイオス三世率いる十万のペルシャ軍を撃破。エジプトを支配した後、同三三一年に、チグリス川上流のガウガメラでダレイオス三世率いる二十万のペルシャ軍を再び撃破。その後、帝都ペルセポリスに入城してこれを徹底的に破壊して焼き払ったことによりペルシャ帝国が完全に滅亡した。

「オリエント世界」を瞬く間に征服したアレクサンドロス大王は、その帰還の途中の紀元前三二三年、バビロンで蜂に刺されたことがもとで、三十二歳の若さで急逝。その帝国は、彼の幕営にいた三人の将軍たちによって、プトレマイオス朝エジプト、セレウコス朝シリア、アンティゴノス朝マケドニアと三分割された。アレクサンドロス大王の東征によって、各地にアレキサンドリアという都市が建設され、古代ギリシャの科学芸術文明や都市建築様式が東方へ伝わった。それらのひとつとして、ガンダーラ(現在のパキスタン)における「仏像」の製作がある。それまで、仏教世界には「仏像」というものが存在しなかったが、人間の肉体を写実的に表現するギリシャ彫刻の影響を受けて、仏教でも仏像が作られるようになった。因みに、アレクサンドリアのアラビア語風の読み方が「イスカンダル」であり、アフガニスタン語(パシトゥーン語)読みが「カンダハール」である。

その後、現在のトルコ東部からアフガニスタンまでの広大な中東地域を支配したギリシャ系のセレウコス朝の支配は、五十年ほどでその東側をバクトリアやパルティア(アルサケス朝)に奪われたが、セレウコス朝自体は、エジプトのプトレマイオス朝同様、シリア地域を中心にローマ帝国に滅ぼされるまで二百五十年間の長きにわたってギリシャ文化の影響を地中海東岸地域に残し続けた。それ故、パレスチナで起こったキリスト教も『新約聖書』のテキストは、イエスの母語であるヘブライ語の方言であるアラム語ではなく、当時、地中海地域の公用語であった「コイネー」と呼ばれる簡略化されたギリシャ語で書かれた。

二二六年、パルティアを滅ぼしたアルダシール一世は「シャーハン・シャー(諸王の中の王)」という古代ペルシャ帝国の「皇帝」の称号を名乗って、ササーン朝ペルシャ帝国を建国、ゾロアスター教を国教に定め、イスラム帝国が勃興する七世紀の中頃まで、三十八代、四百余年の長きにわたって、これをよく統治した。特に、五二九年に、東ローマ帝国のユスティニアス一世が「非キリスト教的な学問」を禁止したため、古代から続くアテナイのアカデミア（最高学府）が閉鎖され、多くの学者がペルシャに移住し、古代ギリシャの自然科学や哲学やローマの法学等がペルシャで花開いた。

ササーン朝ペルシャ帝国は、西の国境を東ローマ（ビザンツ）帝国と接し、また、東の国境を唐帝国と接するという、東西の超大国の間で巧く政権を維持し続けてきたが、六二七年、東ローマ帝国の侵攻によるニネヴェの戦いでメソポタミア地方を失い、六三六年、アラビア半島に勃興したイスラム帝国の正統カリフ軍の攻勢（カーディシーヤの戦い）に敗れ、続いて、六四二年、現在のテヘランに近いニハーヴァンドの戦いでササーン朝三十八代目の皇帝ヤズデギルド三世が敗れ、ペルシャ帝国が消滅すると共に、イスラム圏に組み込まれたのである。

こうして、イスラム教徒となったペルシャ人の歴史が始まるのであるが、中東におけるイラン問題を考えるときに、われわれが常に留意しておかなければならないのは、このイランにおける、いわば「氏」と「育ち」の問題である。アラビアの砂漠地帯で遊牧や交易を行っていたどこの馬の骨とも判らないようなベドウィン出身のムハンマドによって起こされたイスラム教徒になったのは、あくまでも後天的な要素（＝育ち）であって、その前にイラン人たちは、由緒正しいペルシャ帝国の後継者である（＝氏）という二つの要素の間で、イラン人たちの心情は行ったり来たりしている。

こういったイラン人のアンビバレントな感情をより複雑なものにしたのは、十九世紀から二十世紀にかけてのロシア帝国の膨張や大英帝国などの西洋列強の中東地域への進出であった。十七世紀末からイラン高原を支配していたガージャール朝に対して、コサック師団の将校をしていたレザー・パフラヴィーが、一九二一年にクーデターを起こしてテヘランを陥落させ、大英帝国との間で結ばれていた不平等条約を破棄、イラン国軍の司令官と首相を兼任し、一九二四年に議会でガージャール朝の廃止を決議し、翌年、自ら帝位に就き、シーア派の一派である「十二イマーム派」の第八代イマームであるアリー・ムーサー・アッ＝レザーに因んで名乗っていたコサック風の「レザー・ハーン」から「レザー・シャー・パフラヴィー」と改名し、パフラヴィー（パーレビ）朝を建てた。レザー・シャーは、明治維新期の日本がそうであったように、欧米列強の侵出から国家の独立を維持するために、イラン社会の「近代化（＝欧米化）」を果敢に行い、司法改革、銀行の創設、鉄道の設置、徴兵制（国民国家の軍隊）、教育改革、女性解放を実施し、国際連盟への加盟を果たし、世界から認められる近代国民国家を建設した。

しかし、運の悪いことに、第二次世界大戦が勃発した際、イランを圧迫してきたソ連やイギリスに対抗する必要上、枢軸国寄りの外交スタンスを採ったため、一九四一年、原油利権で結託した英ソ連合軍による進駐を受け、レザー・シャーは、息子であるモハンマド・レザーに帝位を譲って、海外に亡命し、三年後、失意の内に亡くなった。

パフラヴィー朝の二代皇帝に就いたモハンマド・レザー・シャーは、父親譲りの近代化政策を推進し、一九五一年に欧米の石油資本《メジャー》に握られていた油田の国営化にはじまり、英語もフランス語も流暢であった皇帝は、アメリカによる経済援助を元手に、国営企業の民営化や農地改革、労働者の権利の確立、婦人参政権、教育振興などの近代化を「上からの改革」として強力に実施した。この経済発展のモデルは、フィリピンのマルコス政権やインドネシアのスハルト政権、韓国の朴正熙《パクチョンヒ》政権、台湾の蒋介石政権らと共に、共産主義圏の拡大を阻止しようとしたアメリカ政府の後押しもあって、いわゆる「開発独裁」という形で、これらの地域に大いなる経済成長をもたらせたのも事実である。もちろん、これらの国には、皆、強力な秘密警察が存在し、「上からの改革」に異を唱える者は厳しく処断されたが、大多数の国民は経済成長の恩恵を受け、この節の冒頭で述べた一九七一年に「イラン建国二五〇〇年記念式典」を古都ペルセポリスで大々的に祝い、イラン人にとっての「氏」である古代ペルシャ帝国以来連綿と続く由緒正しさをイスラム世界のみならず、西洋にも向けて発信し、大いに国威を発揚したのである。その際、シャーは自らの称号を「アーリヤー・メヘル（アーリア人の栄光）」と定め、アラブ人への民族的対抗意識を露わにした。シャーは、一九四〇年を神武天皇の即位から数えて「紀元二六〇〇年」に当たるとして、大日本帝国が大々的に祝賀行事を行ったのと同様、紀元前五五〇年にキュロス二世がアケメネス朝ペルシャ帝国を建てた年を紀元とするペルシャ暦を採用し、預言者ムハンマドの聖遷を元年とするイスラム圏で一般的な「ヒジュラ暦」を廃した。

しかしながら、日本がそうであったように、非西欧諸国にとって「近代化」するということは、社会を「西欧化する」ということと同じ意味であって、それぞれの民族が長年、大切にしてきた生活習慣や価値観のいくつかを自らの意思で弊履のごとく捨て去らねばならないという痛みを伴うものであった。それができなかった国々は、たとえ古代や中世に強大な世界帝国を築いた人々の末裔であろうと、インドやエジプトがそうであったように、欧米列強の植民地へと落とされてしまったのである。中世以後のイスラム教世界では、「シャリーア」と呼ばれるイスラム法が、世俗法より上位に位置づけられたが、「政教分離」を原則とする近代国家においては、イスラム教の教えに基づくシャリーアと各国の議会によって制定された世俗法との上下関係は逆転しなければならない。イスラム世界でこの改革に最初に成功したのは、一九二三年に、六百年以上続いたオスマン帝国を廃してトルコ共和国を建てたムスタファ・ケマル・アタテュルクであり、その翌一九二四年にガージャール朝を倒したのがレザー・シャーであった。第二次大戦後、アメリカによって建てられたイスラエルを国家承認したのも、イスラム圏では、トルコに次いでイランが二番目の国家となった。現在でも、イランとトルコだけが、中東地域でアラビア半島にあるすべての諸国の人口を合わせたのと同等の八千万人以上の人口を有しているということが、トルコ・イランの両国が近代国民国家として成果を挙げた証拠であると言える。

さらに、近代化(世俗化)を推し進めてゆくと、当然のことながら政教分離の原則に基づき、特定の宗教だけを優遇することはできなくなり、イスラム教徒以外にも選挙権・被選挙権を与え、特にシーア派から「邪教」扱いされていた「バハーイ教徒」にも市民権を与えようとしたことが、「イスラム教を数ある宗教の中のワン・オブ・ゼムに貶める行為である」としてシーア派原理主義の指導者ルーホッラー・ホメイニ師らの反対に会ったので、彼を国外追放に処した。当初はアメリカの協力を得た近代化の波によって経済発展の「光」の部分が多かったが、一九七〇年代の後半になると、フィリピンのマルコス政権やインドネシアのスハルト政権同様、政権内の汚職腐敗や不正蓄財、近代化に巧く乗った国民と乗れなかった国民との間の貧富の格差が拡大するなど「影」の部分が大きくなり、やおら近代化したことによって国民が知った政治的主張法であるデモやストライキが国内各地で頻発するようになった。一九七九年に入ると、テヘラン市内まで戒厳令が敷かれたが、収集がつかなくなり、一月十六日、シャー自ら操縦する皇帝専用機でエジプトへ脱出……。二月一日に、ホメイニ師が亡命先のフランスから十五年ぶりに帰国を果たすと、イスラム革命評議会を構成し、シャーの下にあった首相や国軍の司令官を解任し、新たに首相を任命し全権を掌握し、「イスラム共和制」を宣言した。

シャーは、その後、癌治療のためのアメリカへ渡ったが、人道的な見地からシャーとその家族のアメリカ入国を認めたカーター政権に反発した学生らが、同年十一月四日にテヘランのアメリカ大使館を占拠し、アメリカの外交官とその家族を人質に取って、シャーの身柄引き渡しをアメリカに要求した。もちろん、この行為はアメリカだけでなく、大使館・領事館などの治外法権をはじめとする外交官特権を規定した『ウイーン条約』を無視した要求だったため、理由の如何を問わず、世界中のどの国も認めることができない方法論であったが、本来なら、大使館を占拠して外交官を人質に取るような不逞の輩を逮捕・排除するのは接受国政府の義務であるにもかかわらず、イランのホメイニ政権がこれをわざと見逃していたので、当のアメリカをはじめ西側諸国をすべて敵に回すことになったが、そのことがかえって、イラン人の被虐意識を刺激し、ムスリム・ナショナリズム国家へと大きく舵を切らせることになった。

この事件は、アメリカの政治に宗教的右傾化という大きな影響を与えた。一九七八年九月に、アメリカのジミー・カーター大統領が、第二次大戦後、四度にわたって戦戈を交え、長年の宿敵だったエジプトのアンワル・サーダト大統領とイスラエルのメナヘム・ベギン首相をメリーランド州にある大統領のキャンプデービッド山荘に招いて十日間以上かけて交渉させ、歴史的な「キャンプデービッド合意」に至り、翌一九七九年三月にエジプトとイスラエルの間で「平和条約」が締結され、イスラエルが占領していたシナイ半島がエジプトに返還されるという中東地域において、第二次大戦後唯一の「話し合いによる解決」がなされたが、このエジプトとイスラエルの平和交渉と並行して進行したイランにおける無法な「アメリカ大使館人質事件」によって、アメリカの世論は、人類にとって普遍的な人権問題を掲げて話し合いによる平和構築外交を展開してきたジミー・カーター氏の大統領再選を阻み、キリスト教原理主義的な「福音主義《エバンジエリズム》」を標榜するロナルド・レーガン氏をアメリカ合衆国第四十代大統領に当選させるきっかけとなった。因みに、大統領選挙キャンペーン中、レーガン氏は「私が大統領に就任した時点で人質が解放されていなければ、テヘランを核攻撃する」と公約し、事実レーガン氏が大統領に実際に当選するや否や、彼が大統領の就任するまでまだ二カ月以上もあるというのに、イランは即、人質の全員解放を決定した。

ベトナム戦争の実質的敗戦ですっかり自信をなくし、第二次世界大戦で完膚なきまでに叩いたはずのドイツや日本に経済戦争で苦境に立たされ、ヒッピーや麻薬などのカウンターカルチャーで自暴自棄になっていたアメリカに、ふたたび希望の「光」をもたらしたのが、この「福音主義」の復活であり、その影響は四十年の歳月を経た現在でも、親イスラエルの「宗教右派」として、アメリカ大統領選挙における最大の票田となっている。そして、レーガン政権の八年と、それを継承したジョージ・ブッシュ親子による十六年間の「キリスト教原理主義」的政策展開は、当然の「化学反応《ケミストリー》」として、中東のイスラム教諸国をして「イスラム教原理主義」的方向に政策誘導することになった。

そんな中で、一九八〇年九月にイランとイラクが八年におよぶ戦端を開いた。古代メソポタミアの地に位置するイラクは、民族的には国民の約八割がアラブ人で約二割がクルド人の国家であるが、宗教的には、アラブ人の内の二五パーセントがスンニ派で、残りの七五パーセントのアラブ人とクルド人の大半がシーア派、つまり、全国民の約八割がシーア派であるという「腸捻転」が生じている国家である。ただし、この国の独裁者であるサッダーム・フセイン大統領をはじめ、支配階層であるバアス党員のほとんどは、この国では宗教的には少数派のスンニ派のアラブ人であった。それ故、二倍以上の人口を有する隣国のイランがシーア派原理主義国家となることのイラク社会に与える影響は大きく、大使館人質事件で煮え湯を飲まされたアメリカが「ホメイニ憎し」の一念で、「敵の敵は味方」の論理でサッダーム・フセイン政権に最新兵器を供与しただけでなく、軍事顧問団を派遣して、近代戦争の仕方をイラク軍に手取り足取り指導したのである。そのイラク軍が、イランとの八年間におよぶ戦争を終結した後、その牙を今度はアメリカに向けてきたことは皆さんご存じのとおりである。

アラブ人とは何者なのか？

前節で詳しくイラン人がアラブ人に対して対抗心を持ってきたことについて述べたが、そもそも「アラブ人」という概念について、まだまったく述べてこなかった。本書の第一章で、あれほど大きなページを割いて「イスラム教の歴史」について述べてきたにもかかわらず、そもそも日本人は「アラブとは何か？」について、まったく解っていないと言っても良い。でも、そんなことを言ったら、「アラブ人と言えば、中東の砂漠に暮らしていて、ゆったりとした白装束に、頭にスポッと輪っか（アガル）を乗せた頭巾（クーフィーヤ）を被った髭面のイスラム教徒……。女性は、国によって多少異なるけれど、全身黒装束の忍者みたいな格好で目だけ出している（ニカブ）か、多少カジュアルな格好をしているがそれでも頭髪だけはヘジャブというスカーフで覆っている人々のことだろう」くらいのことは誰でも答える。でも、それはあくまで、彼らの服装についての「見た目」の知識だけであって、「アロハシャツ着てればハワイアン」とか「アザラシやカリブーの毛皮で作ったアノラック（分厚い防寒服）を着てればイヌイット（エスキモー）」というのと同程度の理解でしかない。

同様に、日本人に「アラブってどの辺り？」と世界地図で出して指させたら、十中八九はアラビア半島からせいぜい地中海東岸のシリア・レバノン辺りまでのいわゆる「中東」地域を指すであろう。しかし、同じ質問をアラブ人はもとよりヨーロッパ人にしてみると、おそらく、その地域に加えて、地中海の南岸に沿ってエジプトからリビア、チュニジア、アルジェリア、そして大西洋に面したモロッコ辺りまでを「アラブ」と呼ぶであろう。日本人にとってみれば、エジプトからモロッコに至る地域は「アフリカ」に属する。しかし、それらの国々に暮らす人々（アラブ人）たちは、決して、アフリカの「黒人」ではない。「黒人」たちは、同じ「アフリカ大陸」とは言っても、世界最大の砂漠であるサヘルよりも南方の「熱帯雨林」もしくは「サバンナ」地域に暮らす人々のことであって、おそらく、地中海に面した国々の南側に隣接するスーダン、チャド、モーリタニア辺りでも、「アラブ人」たちがマジョリティとして暮らしている。それ故、全世界に「アラブ人」という民族は合計四億人くらい居ることになる。それ以外にも、たとえ、その国内においてはマイノリティであったとしても、ブラジルに一五〇〇万人、フランスに六五〇〇万人、アルゼンチンに三五〇〇万人、アメリカに三五〇〇万人、そして、「アラブの宿敵」であるイスラエル国内ですら一五〇〇万人のアラブ人が生活している。その意味では、「アラブ人」という民族は、世界で最も繁栄した民族のひとつであると言える。

日本人やギリシャ人やペルシャ人が、紀元前から厳然と人類学的な自己同一性を維持し続けているのと違って、アラブ人は、元々はアラビア半島の砂漠地帯に居た「ベドウィン」と呼ばれる遊牧・行商民の小さな部族に過ぎなかったが、部族間で少ない水資源などを巡って争いを繰り返していたので、個々の戦闘能力は高い民族であった。それが、七世紀の初め頃に突如として現れたムハンマドという預言者によって、イスラム教という宗教共同体が形成されると、その戦闘能力と移動の早さによって、瞬く間に、全中東地域から東はインドまで、西は北アフリカの西岸のモロッコからジブラルタル海峡を渡って現在のスペインに至るまでの大帝国を形成したが、イスラム教に六百年先行したキリスト教が行ったような、布教地域の人々の言語に合わせて聖典を翻訳することなく、世界中どこの地域においても、「アッラーの御言葉」である『クルアーン』の一言一句を原典のアラビア語で丸暗記させたので、「アラビア語を話す人々」という意味で、「アラブ人」はどんどん増えていった。しかも、中世ヨーロッパのキリスト教国においては、キリスト教を強要したり、あるいは改宗しない征服民たちを虐殺したりしたけれども、もともと商売人であったムハンマドの後継者たちは、征服民に対して「イスラム教徒に改宗したら人頭税は免除してやる」と言ったために、世界各地の征服地域においては、自己の社会的立場や財産を保全するために、有力者から競ってイスラム教徒に改宗していったことも、イスラム教が急激に教線を伸ばした原因である。

その意味でも、一宗教に過ぎないイスラム教の教祖がたまたまアラブ人であったということから、預言者ムハンマドがアッラーから受けた啓示が、アラビア語によって記録され、『クルアーン』に固定されたことによって、本来ならば、時代と共にどんどんと変化してゆく存在である「言語」――飛鳥時代の日本人と現代の日本人は、遺伝子的にはほぼ同じであるが、たとえタイムマシンが発明されて、飛鳥時代に行けたとしても、話し言葉はほとんど通じないと思われる――が、一四〇〇年間の長きにわたって固定され、しかも、アラブ諸国の現代の政治家たちも自らのスピーチを権威づけるために、その表現をできるだけ『クルアーン』の聖句に近づけて話すので、アラビア語の純度はますます高まることになった。そのことを通して、たとえその民族が世界中のどんな地域に暮らしていようとも、「アラビア語を話す人々＝アラブ人」という帰属意識が高まったものと考えられる。

このことは、仏陀やキリストの言葉を伝える経典の語句が、当時、釈迦やイエスが話していた言葉とは全く異なった言語に「翻訳」されて全世界に拡散していったのと比べると大違いであり、その当然の帰結として、「キリスト教徒」や「仏教徒」という連帯感はあったとしても、「キリスト人」や「仏陀人」という意識はついぞ芽生えなかった。むしろ、二千年間の長きにわたって、故国を失っていた「ユダヤ教徒」のほうが、肌の色や頭髪の色などの「見た目」が大いに異なるにもかかわらず、『トーラー（律法）』や『タルムード（口伝）』といった聖典がヘブライ語で固定されていることによる民族の自己同一性が保たれ「ユダヤ人」という帰属意識がハッキリとしている。

東ローマ帝国から学んだオスマン帝国

文化人類学的な意味での「アラブ人」というのは、前節のような存在であるが、これが政治的な意味での「アラブ人」となると、また異なってくる。古代ペルシャ帝国の子孫を自認するイラン人の、元々は「田舎者」であったアラブ人が「イスラム教徒の守護者」面することに対するアンビバレントな感情については前々節で詳しく論じたが、実は、そのアラブ人とて、「イスラム教徒の守護者」の地位を六百年以上の長きにわたって別の民族に奪われていたのである。アラブ人がその地位を回復したのは、実に、二十世紀に入ってからのことである。アラブ人からその地位を奪っていたのは、言うまでもないトルコ系民族のオスマン帝国である。十三世紀末にアナトリア（トルコ）高原の一遊牧部族の頭であったオスマン一世は、瞬く間に周辺のトルコ系遊牧部族をまとめ上げて建国したが、オスマンの帝国は、これに先行してイラン高原からアナトリア高原に展開していたトルコ系のセルジューク朝から、血族主義というよりも「多民族主義の帝国」という統治システムを学んだ。

しかし、オスマン帝国が世界史的な影響を与えるようになったのは、メフメト二世が一四五三年に千五百年続いた東ローマ（ビザンツ）帝国の帝都コンスタンチノープルを陥落させ、地中海沿岸の東半分から中東までを版図に納める大帝国となった時点からである。日本人にとって「ローマ帝国」と言えば、「パックス・ローマナ（ローマの平和）」を実現したアウグストゥスやティベリウスやクラウディウスらの皇帝が統治したローマに帝都を置く世界帝国をイメージするが、それだけでは正解の半分でしかない。古代ローマ帝国は、三世紀末から四世紀の初頭にかけてキリスト教徒やマニ教徒を弾圧しつつこれを統治したディオクレティアヌス帝によって四分割《テトラルキア》され、東西にそれぞれ「正帝」と「副帝」が置かれて大帝国を分割統治した。

現在の英仏独西方面を統治していた西方の副帝であったコンスタンティヌス帝によって三一三

年に「ミラノ勅令」が発せられ、それまで弾圧されていたキリスト教が一転して「公認」された。彼は次々とライバルの皇帝たちを撃破し、三二四年、ついに「唯一のローマ皇帝」として、大帝国の再統一を果たすと共に、古代ローマ神話の神々の神殿や神像が林立するローマから、帝都をアジアとヨーロッパの境界にあるビザンチオンに遷し、キリスト教の様式に基づく教会を次々に建立した。この「新しいローマ」は、コンスタンティヌス大帝の死後「コンスタンチノープル」と呼ばれるようになった。因みに、西ローマ帝国は、五世紀の中頃、ゲルマン民族の大移動によって滅亡しているが、コンスタンチノープルに都を置いた東ローマ(ビザンツ)帝国は、西ローマ帝国の滅亡後も千年間も繁栄し、「国教」となったキリスト教も、西欧のローマ・カトリック教会とは典礼(儀礼)も教義も異なるギリシャ正教会として発展した。

帝都の名前こそ、コンスタンチノープルからイスタンブールへと改名させたが、オスマン帝国が千数百年間の文化的蓄積豊富なコンスタンチノープルを支配下に置くということは、草原のモンゴル帝国が文化的蓄積豊富な中国本土を支配下に置くのと同様に、ややもすれば、軍事的には支配しながら、文化的には逆に呑み込まれてしまうという危険性を有することである。オスマン帝国もビザンツ帝国から多民族支配のノウハウを多く吸収した。皇帝であるトルコ人「スルタン」の権力を絶対化させると共に、帝国の官僚には、出身民族を問わず、本人の能力さえあれば高位に付け、被支配地域の民衆にも、イスラム教を強要することなく(ミレット制)、人頭税さえ納めれば信教の自由も認めた。さらには、海軍や洋上交易も促進したので、地中海の沿岸部という旧東ローマ帝国の勢力圏をはるかに越えて、ペルシャ湾からインド洋を超えてインドネシア辺りまで、またアフリカ大陸東岸までオスマン帝国の軍艦や交易船が行き交った。

また、現在の東欧地域まで支配し、何度も、ウイーンを包囲するなど、十六世紀に西ヨーロッパを再統一したハプスブルク家の神聖ローマ皇帝カール五世をして、ヨーロッパのキリスト教世界を滅ぼすものとして恐れさせた。実は、ヨーロッパ人たちにオスマン帝国が与えたこの呪縛は、二十世紀の世界史にも大きな影響を与えるのである。一方、イスラム世界からは、アラビア半島も版図に納めていたオスマン帝国の「スルタン」は、全スンニ派イスラム教徒の精神的指導者である「カリフ（預言者の後継者）」と見なされていた。

「汎アラブ主義」か「イスラム主義」か

オスマン帝国の巧妙な多民族統治によって、中東地域のアラブ諸部族は六百年の長きにわたって支配され続けてきたが、その統治体制が綻びたのは、何もアラブ人自身による努力の結果ではない。十八世紀になると、世界は急速に欧州列強による帝国主義の時代に突入し、ロシア帝国がその版図をカスピ海と黒海に挟まれたコーカサス地方から南下させてきた結果、必然的にオスマン帝国とぶつかった。また、産業革命を経て欧州列強の力が増大してくると、オスマン帝国は東欧地域の属国を次々とハプスブルク帝国などの西欧側に取り返され、一七九八年のナポレオンによるエジプト遠征によって、エジプトがオスマン帝国の支配下を離れ、ギリシャをはじめバルカン半島のキリスト教諸国のナショナリズムが高揚し、各地で反乱が頻発するようになった。

二百年前に神聖ローマ皇帝が危惧した「キリスト教世界の危機」は、キリスト教自身の力ではなく、産業革命による技術革新と近代国民国家の軍隊の力によってはじき返されたのである。こうした危機下にあって、オスマン帝国もようやく近代化(西欧化)をはかり、明治憲法より十四年も早い一八七六年に、「オスマン帝国憲法」を発布し、帝国議会を開設し、イスラム教徒も非イスラム教徒も「オスマン帝国臣民」として完全に平等化したが、その一年後、運の悪いことに改革の最中にロシアに戦争をふっかけられ、帝都イスタンブールが一時占領されるほどの打撃を受けた。そして、二十世紀に入ると、第一次世界大戦に巻き込まれて、オスマン帝国は混乱の内に六百年の歴史を閉じるのである。

こうしたオスマン帝国の他力本願的弱体化の動きを「イスラム教の擁護者のタイトルを自分たちに取り戻すときが来た」と片目でほくそ笑んでいたのが、中東のアラブ諸部族である。しかし、ここに至っても、中東のアラブ諸部族による「民族自決運動」などというご立派は動きではなく、「オスマン帝国を弱体化させよう」と狙う英仏独露などの欧州列強が、アラブ諸部族に肩入れし、しかも、この頃、中東各地で発見された油田の利権を得るために介入した結果であることを忘れてはいけない。こうした動きの中で、一九四七年に、シリアでニーチェやマルクスやヘーゲルといったドイツ観念哲学の影響を受けたシーア派の一派であるアラウィー派のアラブ民族主義者ザキー・アル＝アルスーズィーらがダマスカスで秘密結社「アラブ・バアス」を結成。一九五三年に「アラブ社会党」と合併して「アラブ社会主義バアス党」に改称。一九六三年の「バアス革命」で政権奪取するも、一九六七年の第三次中東戦争でイスラエルに惨敗……。一九七〇年にハーフィズ・アル＝アサドがクーデターで政権を奪取した。

ここで、忘れてはならないのは、イスラエルの建国にまつわる話である。一九一五年、英国は、オスマン帝国との第一次世界大戦に勝利するために、「対オスマン帝国戦争に協力してくれたら、オスマン帝国配下のアラブ人を独立させてやる」と駐エジプト高等弁務官ヘンリー・マクマホンが、メッカ太守のフサイン・イブン・アリーに約束して『フサイン＝マクマホン協定』を結んだ。一方で、英仏露三国は、一九一六年にオスマン帝国を分割する『サイクス・ピコ協定』を秘密裏に締結。しかも、一九一七年には、英国は、ドイツとの第一次世界大戦に勝利するため、外務大臣のアーサー・バルフォアがユダヤ人銀行家で貴族院議員のライオネル・ロスチャイルド男爵を通じて「英国に資金提供してくれたら、パレスチナの故地に再びユダヤ人の国家を作ってやるという『バルフォア宣言』をアメリカシオニスト連盟に伝えて欲しい」と言った。英国は、わずか三年間に全く内容の矛盾する三つの対外的約束をした。この三枚舌外交の結果が、百年後の現在に至るまで、イスラエル・パレスチナ問題として、中東和平を阻む最大の要因となっている。

話を元に戻すと、シリアで誕生した政治運動である「汎アラブ民族主義」は、エジプトにも大きな影響を与えた。一九四八年にイスラエルが建国されると、アラブ連合軍とイスラエルの間で第一次中東戦争が勃発した。若い頃から熱心に政治運動に取り組んでいたガマール・アブドゥル＝ナーセル少佐はこの戦争に従軍して軍功を挙げたが、エジプト軍の旧態依然たる体質に失望し、帰国後、ムハンマド・ナギーブ将軍を担いで「自由将校団」という秘密結社を結成して国軍の改革にあたった。そして、一九五二年にクーデターを起こし、国王ファルーク一世を追放して政権を掌握し、三十五歳の若さでナギーブを首班とする革命指導評議会の中心メンバーとして副首相兼内務大臣に就いた。その後、ナギーブ大統領との対立が表面化したが、一九五四年に「ムスリム同胞団」による「ナーセル暗殺未遂事件」を契機にナギーブ大統領を追放し、革命指導評議会の議長に就いて全権を掌握。一九五六年に大統領に就任。農地改革や銀行の国有化などアラブ社会主義政策を推進。国際的には、一九五五年にインドのネルー首相、インドネシアのスカルノ大統領、中国の周恩来総理らと非同盟諸国の連帯を訴えるバンドン会議を開催。さらには、アスワン・ハイダムの建設工事着工や、スエズ運河の国有化を宣言。これに反発した英仏相手に第二次中東戦争（スエズ戦争）が勃発するも、ナーセル大統領はこれを退けて、国際承認を得た。

この成果によってナーセル大統領の名声は高まり、「アラブの盟主」の地位を得た。一九五八年には、同じ「汎アラブ主義」国家のシリアと合邦し「アラブ連合共和国」を建国、初代大統領に就いた。当時、アメリカとの間で厳しい冷戦を戦っていたソ連も、アスワン・ハイダムの建設工事を支援表明するなど、ナーセル大統領は時代の寵児となった。しかし、一九六二年、役職の割り当てに不満を抱いていたもともと人口や国土面積で大きく劣るシリアが「アラブ連合共和国」から離脱し、一九六七年に勃発した第三次中東戦争(六日間戦争)でイスラエルに惨敗し、シナイ半島を奪われたにもかかわらず、エジプト国民からの人気は抜群であり、また、アラブ各国の指導者からも敬愛されていたが、一九七〇年、稀代の英雄ナーセル大統領は五十二歳の若さで心臓発作で急逝した。その後は、士官学校以来の盟友で副大統領のアンワル・アッ＝サーダトが大統領職に就いた。

このように、「汎アラブ民族主義」は、思わぬ形でアラブ各国に独立をもたらせたが、ほとんどの国ではイスラム教徒が国民の大半を占めているにもかかわらず、イスラム教は国家の紐帯となり得ず、むしろ、近代化をもたらすための社会主義的な独裁体制を指向した。しかも、本来は、民族や宗教といったものを超えた「インターナショナリズム」であるはずの社会主義が「汎アラブ民族主義」へと昇華しているところが興味深い。その上、中東地域でアラブ各国が続々とオスマン帝国や欧州列強からの独立あるいは革命が起きた時期とイスラエルの建国時期が重なったことにより、「汎アラブ民族主義」は、土地を強制的に奪われたパレスチナ人たちに共感し、これを支援するという「反イスラエル主義」によって連帯されるという思わぬ化学反応《ケミストリー》をアラブ人に対してもたらした。

さて、「バアス党」と言えば、もう一人「忘れてはいけない人」がいる。イランでイスラム革命が起きた一九七九年から二〇〇五年まで、四半世紀の長きにわたりイラク共和国の大統領を務めたサッダーム・フセインその人である。フセイン大統領は、就任直後には隣国イラン相手に八年間におよぶ「イラン・イラク戦争」を戦い、また、一九九〇年には、隣国クウェートへの侵攻に端を発する「湾岸戦争」、二〇〇三年には「イラク戦争」と二度にわたる全面戦争を、最新の装備を有するアメリカを中心とする多国籍軍と戦い抜き、かつ、湾岸戦争とイラク戦争の期間を跨いで十三年間に及ぶ国連からの厳しい経済制裁を受けても、これに耐え抜いてきた。

「直進する者」を意味するサッダームと名付けられた少年は、中東地域に汎アラブ民族主義が盛り上がった一九三七年に、イラク北部の町ティクリートでこの世に生を受けた。少年時代から活動的だったサッダームは、十八歳の時に首都バグダッドに登って、二十歳で「バアス党」に入党。エジプトのナーセル革命の影響を受け、イラクでも軍部のクーデターによって親英のハーシム王政が崩壊した。

しかし、クーデターによって政権を奪取したアブドルカリーム・カーシム首相は、石油資本の国有化や隣国クウェートの領有化を主張し、「汎アラブ主義」とは逆の「イラク第一主義」を採用して、エジプトやシリアの推進する「アラブ連合」構想には消極的であった。その後も、イラクでは何度かクーデターや暗殺が繰り返され、武闘派だった若きサッダームは戦闘に巻き込まれて被弾するも、チグリス川を泳いで渡ってシリアからエジプトに亡命。カイロ大学で法学を学んだ。この間、欠席裁判で「死刑宣告」を受けている。帰国後、一九六八年のクーデターで政権に就いた同郷のアフマド・ハサン・アル＝バクル大統領の下で副大統領に就任。その後、巧みにライバルを粛正して行き、一九七九年にアル＝バクルが退任したのに伴い、イラク共和国の第五代大統領に就いた。時あたかも、隣国イランでは、ホメイニ師の主導する「イスラム革命」によってシーア派原理主義国家が樹立された年である。因みに、イラクはアラブ民族が八割を占めるものの、スンニ派ではなくシーア派が八割を占めるという得意な民族構成であったため、隣国イランのシーア派革命が波及することを恐れたフセイン大統領は、イランに戦争をふっかけ、八年間におよぶイラン・イラク戦争が勃発したのは既述のとおりである。。

この際、「アメリカ大使館人質占拠事件」によって「イラン憎し」で凝り固まっていたレーガン政権は、後に(ブッシュJr.政権時代に)国防長官として対イラク戦争を指揮したドナルド・ラムズフェルド氏を特使としてバグダッドに派遣し、軍事支援を約束したが、その武器が数年後にはアメリカに向けられるとは思ってもいなかった。その後、フセイン政権がどのような道を歩んだかは、皆さんよくご存じと思うので、割愛させていただく。ただひとつ忘れてはいけないことは、長年、アメリカに公然と敵対し、また一九九〇年には、実際にアメリカ主導の多国籍軍とも戦戈を交えたにもかかわらず、政権を維持し続けたフセイン大統領に対して、アメリカは国連安保理に「大量破壊兵器を隠し持っている」という嘘までついて排除した本当の理由は、第二次世界大戦後の世界経済を秩序づけた「国際間の貿易は米ドルで決済する」というブレトン・ウッズ体制 ――「ブレトン・ウッズ協定」の固定相場制そのものは、一九七一年の「ニクソンショック」による変動相場制への移行で崩れたが、「国際貿易は米ドルで決済する」という「米ドル基軸通貨」制度そのものは、戦後七十年以上経った現在でも変わっていない ―― に挑戦する形で、イラクが輸出した原油の決済を二〇〇二年に導入されたばかりの新通貨である「ユーロで行っても良い」ということを宣言したため、ユーロの国際基軸通貨への格上げを望まないアメリカによって逆恨みされ、二〇〇三年三月、ジョージ・W・ブッシュ政権によって、米軍がはじめて地上部隊を投入するという形の「イラク戦争」へと発展して、フセイン体制を崩壊させたのである。

第6章 二十一世紀における国家論

「アラブの春」とは何だったのか?

二度にわたる世界大戦を経験した二十世紀の末に米ソの冷戦が終結したことによって、人類は民主主義や市場経済といった「普遍的な価値」の下に平和な時代を向かえることができると夢見ていたが、その夢は、二十一世紀の、否、第三千年紀《サードミレニアム》の最初の年である二〇〇一年九月十一日に発生した衝撃的な「米国中枢同時多発テロ」事件によって吹き飛ばされた。それは、いまだ「民族」や「宗教」といった古代から連綿と続くドロドロとした要素によって人々が相争うということであり、世界はまさに「末法」の様相を呈してきたと言える。

本書ではここまで、紀元前に繁栄した古代のペルシャ帝国から中世のモンゴル帝国、近代のソビエト連邦をはじめ、二十世紀末に至るまでの古今東西の諸国家や諸民族の興亡を取り上げ、「領土」、「民族」、「統治機構」、「言語」、「宗教」など、「国家」を成立せしめる要件について論じてきたので、読者の皆さんも、「国家とはいかなるものであるか」について判断する準備ができたと思う。そこで、ここからは二十一世紀における現在進行中の出来事を例に挙げて話を進めてゆきたい。

今からちょうど百年前、第一次世界大戦の結果、オスマン帝国が崩壊すると、「汎アラブ民族主義」の台頭によって、イスラム史上最大の「カリフ帝国」であるウマイヤ朝の版図をほぼ重複する地域にあたる中東から北アフリカにかけての二十数カ国におよぶ「アラブ国家」が林立したが、それらの地域では、イスラム法が世俗法に優先する「シャリーア」体制を一応は実現していたが、王制・共和制のいかんを問わず、民主主義とは程遠い「長期独裁体制」の国家がほとんどであった。長期独裁体制の国家の政権が腐敗するのは洋の東西を問わないことであり、社会階層が固定化し、経済格差が拡大化する一方で、本来イスラム社会が理想とする「ウンマ（共同体）」からも程遠いものであった。また、それぞれの国家指導者は、口では「アラブの連帯」を標榜しても、自国（自分の政権）の安寧を優先して「宿敵」であるイスラエルと単独和平を結ぶ国もあれば、石油資源によって有り余る資産を有しながら、貧しいアラブの国を助けようともしない国もあった。

そんな中で、紀元前にはローマと何度も激しく地中海の制海権を争ったアフリカ大陸最北端の都市国家カルタゴのあったチュニジアは、イタリア南部のシチリア島とは一二〇キロほどしか離れていないが、このチュニジアもご多分に漏れず、二十三年間の長きにわたってベン・アリー政権の独裁と腐敗が続き、民衆の不満が鬱積していた。二〇一〇年の暮れに突如としてアラブ世界を揺るがす「事件」が勃発した。十二月十七日に、ある地方都市でごく普通の露店販売を営む青年が、「販売許可を得ていない」という些細な理由で警官によって商品を取り上げられたことに抗議して焼身自殺を図った。従来なら、地方都市はいうに及ばず首都のチュニスであっても、たとえ、もしこのような事件が発生したとしても、それが国営放送によって報道されるようなことはあり得ず、国家権力によってもみ消されてしまって、また「変わらない日常」が継続されるところであったが、たまたま、この抗議の焼身自殺の模様が、当時、アラブ世界でも急激に普及しつつあった携帯電話やスマートフォンを用いたツイッターやユーチューブなどのSNSによって、チュニジア国内に拡散し、当初は、当該警察官に対する処罰を求めるデモが起きただけであったが、治安維持のために出動した部隊とデモ隊が衝突し、死傷者が出るに及んで、抗議の対象はベン・アリー政権の腐敗と長期独裁体制そのものへと拡大し、チュニジア国内が騒然とする中、一カ月も経たない一月十四日に、ベン・アリー大統領がサウジアラビアへ亡命した。この民主化運動を「ジャスミン革命」と呼ぶ。私はその後、チュニジアの社会がどう変化したかについて、新憲法制定議会の副議長を務めたメーレジア・ラビディ・マイザ女史から直接伺うに機会に恵まれた。

しかし、この北アフリカの「小国」チュニジアで起きた「事件」は、チュニジア一国の騒動では収まらなかった。この「ジャスミン革命」の様子は、もはや「国境の壁」など関係なくなったインターネットを通じて、同じアラビア語圏の北アフリカや中東のアラブ諸国家へ燎原の火のように一気に拡散していった。中東には珍しく民主的で比較的王制の安定している(が故に報道の自由もある)ヨルダンに「ジャスミン革命」の反政府運動が飛び火し、サミール・リファーイー内閣が二〇一一年二月一日に総辞職した(イスラム世界随一の名門であるハーシム家による王制は維持)。しかし、アラブの大国であるエジプトでは、一月二十五日よりホスニー・ムバーラク政権に対する大規模な反政府抗議運動が発生し、ムバーラク大統領はヨルダンの手法を真似てアフマド・ナズィーフ内閣を総辞職させて国民の不満を逸らそうとしたが、三十年間におよぶ独裁と数兆円とも言われる海外での不正蓄財の責任を追及され、反政府暴動勃発からわずか二週間後の二月十一日にムバーラク政権が崩壊し、ムバーラク氏は裁判で死刑の求刑に対して終身刑判決を受けて、刑務所に収監された。ただし、六年後の二〇一七年三月に行われた最高裁のやり直し裁判では、無罪判決を勝ち取るなど、エジプトには法治国家としての機能がまだ維持されているものと思われる。

さて、いわゆる「ジャスミン革命」で崩壊した北アフリカの長期独裁政権と言えば、もう一人忘れてはならない主役が居る。「アラブの狂犬」とも恐れられたリビアの「最高指導者」カダフィ大佐である。一九六九年、ムアンマル・アル＝カダフィ中尉は、同志の将校たちと共に王制打倒のクーデターに成功し、弱冠二十七歳の若さで、事実上の最高指導者であるリビア・アラブ共和国の革命評議会の議長に就任。尊敬していたエジプトのガマール・アブドゥル＝ナーセルがエジプト革命に成功した際の階級が大佐であったため、これに因んで「大佐」に昇格して国家指導者となった。政権を掌握したカダフィ大佐は、四年後には、イスラム教とアラブ民族主義と社会主義を融合させた「ジャマヒリーヤ」と呼ばれる直接民主制を標榜し、翌一九七四年には革命評議会議長の権限をナンバー2のジャルード少佐に委譲した。一九七七年には、国号も「社会主義リビア・アラブ・ジャマヒリーヤ国」に改称し、国家元首に相当する全国人民会議書記長に就任したが、「ジャマヒリーヤ(直接民主制)」の理念に国家元首はそぐわないため、この職も二年後には退いたが、その後も、カダフィ大佐は、事実上の「最高指導者」と見なされた。

「汎アラブ主義」を標榜するカダフィ大佐は、エジプト・シリア・スーダンなど近隣のアラブ諸国家との連邦国家を構想したが、実際には、エジプトとシリアによる「アラブ連合共和国」が巧く機能せず、わずか三年でシリアが離脱したことによって崩壊し、その後、エジプトのナーセル政権を継承したサーダト大統領が、一九七八年に米国のジミー・カーター大統領の仲裁による「キャンプデービッド合意」によってイスラエルと単独講和すると、激しくこれを批判し、ヤーセル・アラファート率いるパレスチナ解放機構（ＰＬＯ）を支持し、世界各地で反米テロ事件を頻発させたので、ロナルド・レーガン大統領からは「アラブの狂犬」と揶揄され、実際に、イスラエルの諜報機関モサドやＣＩＡによる工作、あるいは米軍機による空爆や巡航ミサイル攻撃による「カダフィ排除（暗殺）」が何度か試みられたが、カダフィ大佐は、ハイテクを使ったこれらすべての攻撃を逃れ、二十七歳で最高権力者に地位に就いてから、四十二年間の長きにわたって、カリスマ的権力を維持し続けた。

そのカダフィ大佐も二十一世紀に入ると態度を軟化させ、二〇〇一年の「九・一一」米国中枢同時テロ事件ではアルカイーダを激しく批判し、二〇〇三年には一九八八年に自らが首謀して起こしたとされるパンナム機爆破事件の遺族に対する補償金として十五億ドルを拠出、また、「核放棄」を宣言し西側諸国の査察も受け入れた。二〇〇九年には、バラク・オバマ政権との間で「国交正常化」

まで実現させた。また、カダフィ大佐は、中東に石油利権を持つ欧米と対立しやすい「汎アラブ主義」が、アラブ諸国自らによってお題目化していることに嫌気がさして、「汎アフリカ主義」へと関心をシフトし、二〇〇二年に実施された「アフリカ統一機構（OAU）」から「アフリカ連合（AU）」への移行に際しては、アフリカでは数少ない産油国として、リビアが大きな貢献を果たした。国際社会との協調を模索していたそのような流れの変化の中で、運悪く、リビアの両隣のチュニジアとエジプトで、二〇一一年に「アラブの春」の嵐が吹き荒れ、同年二月、欧米諸国の陰謀によって、カダフィ大佐の退陣を求める大規模な反政府デモが発生。カダフィ大佐は、リビア国民に対し徹底抗戦を呼びかけたが欧米を中心とした軍事介入と、欧州に援助された旧王党派などの蜂起を招き、同年八月に首都トリポリが反カダフィ勢力によって制圧されて四十二年間の長きに及ぶ独裁政権が崩壊した。リビア国内の各地で小規模な戦闘が繰り返される中、旧政権派の拠点のひとつスルトで、反対派に捕まって裁判を受けることもなく惨殺された。

イラクのフセイン政権と同様、すでに国際社会にとって「無害」となりつつあったカダフィ政権が「アラブの春」という混乱を利用して欧米によって排除されたのは、それまでアフリカ大陸での衛星ビジネスを独占してきた──世界の他の地域と比べて、鉄道などの交通網や電話回線などの通信インフラの整備が遅れたアフリカ大陸では、テレビの衛星放送やインターネットや携帯電話など、衛星回線を利用した通信網への依存が他の大陸と比べて大きい──欧米各国が、新たに設立されたアフリカ連合（五十五カ国が加盟）に対して、リビアが半額を出資してアフリカ資本による独自の通信衛星を打ち上げることを発表したため、アフリカでの経済支配の継続を望む欧米によって排除されたということを忘れてはならない。また、フセインとカダフィの強制排除（殺害）を目の当たりにしたはるか極東の独裁国家北朝鮮の金正日《キムジョンイル》、金正恩《キムジョンウン》親子は、「フセイン大統領とカダフィ大佐がアメリカによって強制排除されたのは、大量破壊兵器の開発を断念したからであって、核兵器さえ保有してしまえば、金一族による独裁体制が安堵される」と確信し、自国民の飢えを無視して核兵器とその運搬手段である弾道ミサイル開発に邁進させてしまうという政治的悪影響を与えた。

湾岸諸国における「アラブの春」の影響

さて、日本人の関心が「千年に一度」という大津波を経験した東日本大震災と原発事故という未曾有の危機に立ち向かっているちょうどその同じ時期に、中東・北アフリカ地域においては「アラブの春」という大嵐が吹き荒れ、チュニジア、エジプト、リビアなどの北アフリカ地域のアラブ諸国家では、盤石の体制を誇っていたかに見えた長期独裁政権が、ほとんど流血の惨劇なしに――それ故「ジャスミン革命」と呼ばれた――あっけなく崩壊したが、同じ「アラブ民族による国家」

といっても、ペルシャ湾岸の君主制諸国家における「アラブの春」は、嵐までは吹かず、そよ風程度に留まった。しかし、断層のズレによって発生する地震と同じで、本来なら長年蓄積された歪みのもたらすエネルギーが全面的に解放されるはずだったものが、中途半端に一部しか解放されなかった場合、近い将来、再び大地震が発生するのと同じ理屈で、当事者たちにとってみれば、現在の状態は決して安堵できるものではないことは言うまでもないであろう。

北アフリカ地域のアラブ民族国家とペルシャ湾岸地域のアラブ民族国家の最大の違いは、同じ独裁体制とは言っても、前者はこの数十年の間に革命を経て共和制に移行しているが、後者は未だに王制や首長制といった君主制国家であることと、気候風土的には同じような砂漠地帯といっても、前者は経済的に貧しい国が多いのに対して、後者は有り余る石油資源で豊かな国が多いという二つの異なった要素による差異が顕著に見られる。同じアラブ人でも、前者は革命を経て「エジプト人である」とか「リビア人である」というような国民国家の国民であるという自覚があるのに対して、後者の場合は「バーレーン人である」とか「アラブ首長国連邦人である」というような自覚が薄いものと思われる。その意味で、湾岸諸国とほぼ同意語であるアラビア半島諸国の中で、「アラブの春」の影響をモロに受けた社会混乱で、三十四年の長きにわたりイエメンの独裁者であったアリー・アブドッラー・サーレハ大統領が二〇一二年十二月に退陣したことは、私の説を裏付ける査証であるといえる。以下、順次、アラビア半島諸国における「アラブの春」の影響について紹介してゆく。

まず、「二大聖地の守護者」を自認する湾岸最大の産油国であると同時に、「サウド家」が権力と資本を独占しているサウジアラビアの場合、「ジャスミン革命」によってエジプトを追われたムバーラク大統領の亡命を受け入れるなど、反民主化の態度を取っていたが、日本で東日本大震災が発生したのと同じ二〇一一年三月十一日を「怒りの日」にしようという自由青年同盟のフェイスブックによる呼びかけに呼応して、一万人がデモに参加した。その後も、サウジ市民による政治改革要求は継続し、半年後の九月には、アブドゥッラー国王が地方行政区評議会に対する選挙権・被選挙権を女性にも与える意向を表明した。

十八世紀半ばから、十四代にわたってサバーハ家による統治が継続していたクウェートでも、同じイスラム圏でもパキスタンなどの貧しい国から「労働力」として移民してきた「市民権」を保有しない人々による数千人規模のデモが、二〇一一年の二月十八日に発生し、その後も社会的混乱の続く中、十一月に内閣が総辞職し、国民議会の総選挙が実施された。

エジプトの反政府デモに、湾岸諸国で最も早く呼応したのは、サウジアラビア沖に浮かぶ島嶼国家であるバーレーンであった。二〇一一年の二月四日、エジプト大使館前に市民数百人が集まって「エジプトの民主化」を支援した。バーレーン政府にとって間の悪いことに、二月十四日は「バーレーン国民行動憲章」が国民投票によって採択された十周年の記念日に当たり、大規模なデモの発生が予想された。バーレーンは、国権を独占するハリーファ家がスンニ派であるにもかかわらず、国民の大半がシーア派という「ねじれ国家」であり、いろんな意味で差別を受けている国民の不満が蓄積されていた。ハマド国王は、先手を打って二月十一日に「国民行動憲章制定を記念して一世帯当たり一〇〇〇バーレーン・ディナール（当時の為替レートで約五十八万円）を配布する」と発表。十二日には政治犯の大規模な恩赦の発表、十三日にはメディア規制の緩和など矢継ぎ早に「民主化」の姿勢を見せたが、十四日に起きた小規模な反政府デモを警察が鎮圧する際に一人が死亡。翌十五日には首都のシンボル的モニュメントである真珠広場に二〇〇〇人が集まって、前日の「事件」に対する抗議集会を開催。ここでもまた、一人が死亡するに及んで混乱に一層の拍車がかかり、ハマド国王の「真相究明」テレビ演説にもかかわらず、翌十六日には真珠広場に七〇〇〇人の市民が集まり、ハリーファ首相（国王の叔父）の退陣や王制打倒を訴えるなど、王権と市民の対立は深刻化した。一カ月後の三月十四日、「アラブの春」の自国への波及を恐れた湾岸諸国会議は、バーレーン政府の要請を受けて、サウジ軍やアラブ首長国連邦警察などの合同部隊「半島の盾」一五〇〇名が派遣され、強硬手段によって民主化運動が排除された。

アラビア半島の南東部でインド洋に面したオマーンでも、二月二十七日に大規模なデモが発生したが、首相・外相・財相・国防相を兼任するカーブース・ビン＝サイード国王が、次々と社会改革を打ち出し、また、「暴力的な抗議行動とは異なる平和的なデモ活動は市民の法的権利内にある」と表明したことによってデモは沈静化、破壊活動に携わった者だけが逮捕された。

実は、二〇一一年に北アフリカや中東世界に燎原の火のように拡がった「アラブの春」は、非アラブ世界にも大きな影響を与えた。今や、世界のどの地域圏でも、国民の大半が携行するようになった携帯電話やスマートフォンによって、市民の眼前で起きた独裁権力による人権の蹂躙事案が、SNSを通じて瞬く間に全国民はおろか海外にまで拡散して、政権批判の動きが高まることを警戒した一党独裁国家の中国では、自由を求める市民による「独裁政権」への抗議行動を報じた海外ニュースの中国国内での放送を遮断し、中国国内と海外のネット環境の間に立ちはだかる大規模な「現代の万里の長城(ファイヤーウォール)」の障壁をより一層堅固なものにすると同時に、数万人の専従職員を配置して、時々刻々発信される中国国内でのSNSでのすべての発言を監視し、少しでも「不適切」な発言――たとえ、民主化運動を批判するものであったとしても、中国共産党にとって都合の悪い「禁止用語」を含む文章であれば――見境なく全削除し続けている。

一方、表現の自由も政治的発言も完全に保証されているアメリカにも「アラブの春」は影響を及ぼした。それは、アメリカにおける「富の偏在」を批判するものであり、所得の上位一パーセントの超富裕層が、アメリカの富の三分の一以上を独占していることに対する不満の表明であり、二〇一一年の九月には「We are the 99%」のスローガンの下、一〇〇〇名を超す人々がアメリカの金融資本主義の象徴であるウォール街で半月間に及ぶ座り込みを行ったり、十月一日にはブルックリン橋で一五〇〇名がデモを行ったりした。これらの動きは、形を変えて全米各地で約一年間継続したが、これらの運動に参加した人々は、人種や宗教や政治的党派の全く異なる人々であり、まさに「同床異夢」の見本のような形であったが、彼らを結びつけたものは、ツイッターやフェイスブックといったＳＮＳを通じた呼びかけであったという点で、過去の政治運動とは異なり、この新しいメディアが思わぬ所に思わぬ影響を与えることを知らしめた。また、二〇一六年の大統領選挙の民主党の予備選挙で、それまではほぼ無名だった高齢のバーニー・サンダース上院議員が、アメリカの政治風土内では異例とも言える社会主義的な政策を盾に「本命」視されたヒラリー・クリントン元国務長官と最後まで指名候補を争えたのは、「We are the 99%」運動の影響であったことはいうまでもない。

ファミリーで国家を経営するサウジアラビア

私はこれまで、長々と「アラブ民族とは何か」ということについて論じてきたが、イスラム教の二大聖地であるメッカとメディナの守護者として、アラブ世界をリードし、アラブ国家としては唯一Ｇ20のメンバーでもあるサウジアラビアについては、ほとんど述べてこなかったので、本節では、サウジアラビアの歴史と現状について分析する。

サウジアラビア王国(Kingdom of Saudi Arabia)は、ヨルダン・ハシミテ王国(Hashemite Kingdom of Jordan)やリヒテンシュタイン公国(Principality of Liechtenstein)と共に、特定の家名が正式の国号に付く珍しい国家であることは、親子孫三代にわたって独裁体制を世襲している北朝鮮ですら、「朝鮮民主主義人民共和国」という正式国号に「金《キム》」という家名が入っていないことからしても明らかである。サウジアラビアは、スンニ派の中でも最も厳格なワッハーブ派を信奉する君主制独裁国家であり、いかなる場合でも、サウド家に対する批判は許されないことは、二〇一八年十二月にイスタンブールのサウジ総領事館で起きたサウジ国籍のジャーナリスト「ザマル・カショギ氏謀殺事件」を見ても明らかである。サウジと北朝鮮の差異は、経済的に豊かか貧しいかくらいしかないと言っても過言ではないくらいの独裁国家である。

現在のサウジアラビアの建国は、他のアラビア半島におけるアラブ民族国家と同様、二十世紀の初頭、欧州列強の介入によってトルコ系のオスマン帝国の支配体制が揺らいだことに始まる。聖地メッカの太守あった名門ハーシム家のフサイン・イブン・アリーが、一九一五年、英軍のトーマス・ロレンスの協力を得てダマスカスに進軍してヒジャーズ王国を建国したのに続いて、ワッハーブ派のイマーム(宗教指導者)でもあったサウド家のアブドゥルアジーズ・イブン・サウードは身長二メートルを超す巨躯で武勇にも優れ、一九二一年にナジュド・スルタン国を征服、一九二六年にはヒジャーズ王国を征服して王号を獲得、一九二七年に英国との間で締結された「ジッダ条約」によって、ナジュド及びヒジャーズ王国を樹立して王位に就き、さらに周辺国を統合して一九三二年にサウジアラビア王国を建国した。この辺りの経緯については、映画『アラビアのロレンス』を観たことのある人なら概ね理解していると思う。

その後、一九三八年に、東部のダーランで大規模な油田が発見され、それまでは砂漠の貧しい遊牧民の国だったサウジアラビアが、急激に経済発展していっただけでなく、その財力を活かして、アラブ諸民族の間でその影響力を強めていった。初代国王のアブドゥルアジーズは一九五三年の崩御を前に、混乱を避けるために「アブドゥルアジーズの息子たちが順次王位を継承する」という規定を発表した。サウジアラビアは一夫多妻制社会であったので、彼は次々と子供をもうけ、男子だけでも「五十二人の王子」がいたとされるが、長男のトゥルキーは、一九一九年のスペイン風邪で早世していたので、次男のサウード・ビン＝アブドゥルアジーズが二代国王の座に就いた。一九三二年のサウジアラビア建国以来、外務大臣として活躍してきた三男のファイサル・ビン＝アブドゥルアジーズは、凡庸だった兄のサウードから健康状態を理由に王位を禅譲されると、クルアーンとスンナを基礎とした法律を整備したのをはじめ、司法と行政の制度を確立し、医療と学校教育の無償化、道路やダムなどのインフラ整備、奴隷制度の廃止、テレビ放送の開始等の近代化政策を推進し、今日のサウジアラビア繁栄の基礎を築いた。

さらに、サウジアラビアの発展を目指すファイサル国王は、一九七三年、突然、原油価格を四倍に引き上げた。世に言う「オイルショック」である。これは、第二次大戦後の世界貿易を規定してきた米ドルを基軸通貨とした固定相場制の「ブレトン・ウッズ体制」を一方的に変動相場制へと転換させた一九七一年の「ニクソンショック」の衝撃を緩和しつつあった世界経済を直撃した。明治維新からちょうど百年目に当たる一九六八年に、ドイツを抜いてGDP世界第二位に躍進した日本の高度経済成長もニクソンショックによる円高不況と、オイルショックによる狂乱物価で急ブレーキがかかったが、逆に、公害など環境負荷の高い重化学工業からの家電製品などのハイテク機器への産業構造転換をもたらせ、ガソリンがぶ飲みのアメリカ車に対して、燃費の良い日本車の販売が海外で急激に伸び出すという日本経済の躍進にも繋がった。このように、サウジアラビアを世界の主要国のひとつにのし上がらせたファイサル国王は、一九七五年、甥のムサーイド殿下の発射した凶弾に斃れた。

ファイサル国王の後を継いで第四代国王の地位に就いたのは、初代アブドゥルアジーズ国王の五男ハーリド・ビン＝アブドゥルアジーズであった（四男ムハンマドが立太子を辞退したため）。ハーリド国王は、経済発展のためにイスラム教徒の外国人労働者を大量に受け入れ、またアメリカから当時、最新鋭の戦闘機F－15を六十機導入するなど軍事力の近代化をはかり、ペルシャ湾の対岸イランにシーア派の原理主義国家イラン・イスラム共和国が成立したのに対抗して、一九八一年には地域安保体制の推進を図る「湾岸諸国会議」を結成した。アラブの国が最新鋭の戦闘機を所有するということは、イスラエルの安全保障にとって潜在的な脅威をもたらすものであり、イスラエルの最大の支援国であるアメリカがこれを認めたということは、一九七八年に「キャンプデービッド合意」によって、イスラエルとエジプトの軍事的緊張関係がなくなったことも含めて、アメリカ側からすれば、当時世界最大の産油国であったサウジアラビアを取り込むという狙いもあった。

しかし、メッカとメディナという全世界のイスラム教徒にとっての二大聖地の守護者であるサウジアラビア王家にとって、異教徒の国であるアメリカと近づきすぎることは、イスラム原理主義勢力の批判のターゲットになるという諸刃の剣でもあり、一九七九年十一月二十日、中庭に「カアバ神殿」を擁するメッカの「マスジド・ハラーム（聖大モスク）」に、巡礼者に紛れて武装した五百名のイスラム原理主義者が乱入し、これを占拠するという事件が起きた。サウジ政府はこれを鎮圧するために五万人の憲兵を動員しても武装解除できず、パキスタンやフランスの特殊部隊の応援を借りて、十二月四日まで二週間かけてやっとこれを鎮圧したが、これ以後、サウジ王家はイスラム原理主義者たちに気を遣わなければならなくなり、後のオサマ・ビン＝ラディンらの過激派を生む萌芽となった。

一九八二年、ハーリド国王が心臓発作で急逝すると、アブドゥルアジーズ国王の九男であるファハド・ビン＝アブドゥルアジーズが第五代の国王に就いた。ファハド国王は、第三代ファイサル国王、第四代ハーリド国王の下で、サウジアラビアの近代化のために敏腕を振るい、特に、病弱であったハーリド国王を補佐して一九七五年には皇太子兼第一副首相（首相は国王が兼任）の要職に就いた。ファハド国王について述べる際に忘れてはいけないことは、彼を生んだハッサ妃についてである。初代アブドゥルアジーズ国王は、スデイリー家出身のハッサ妃を最も寵愛し、彼女が生んだ七人の王子の内、二人が国王の地位にまで上り詰め、二人は皇太子の内に薨去――サウジアラビア王室は兄弟相続のため、かなり高齢になってから皇太子に就くので、国王に即位する前に亡くなる者も多い――、残る三人も重要閣僚を務めている間に死去が、いずれも、もし長生きしていれば、国王に即位する可能性が大きかった故に、ハッサ妃の生んだ王子たちは「スデイリー・セブン」と呼ばれて、一夫多妻のために孫世代まで合わせると千人以上居ると言われるサウジ王家の中でも、極めて特別な位置づけであった。

ファハド国王は、二十二年間の長きにわたって第五代国王の座に居たが、一九八六年、「国王陛下」の代わりに「二聖モスクの守護者（Custodian of the Two Holy Mosques）」という敬称を用いるように法令を変更した。これは、サウジの国教であるワッハーブ派の原理主義者たちに配慮したものである。また、長生きだったファハド国王は、二〇〇五年に八十二歳で崩御したが、初代国王の息子たちが王位を兄弟相続することになっいるサウジ王家では、この頃からすでに、八十歳近くになってやっと皇太子や副皇太子の地位に就き、たとえ国王に就任したとしても、数年の内に寿命を向かえるという兄弟相続の弊害のほうが目立ってきた。

サウジアラビアに内在する危機

ファハド国王の跡を継いで第六代国王に就いたのは、初代アブドゥルアジーズ国王の十二男であるアブドゥッラー・ビン＝アブドゥルアジーズである。八十二歳で崩じた兄王と一歳しか歳の離れていないアブドゥッラーが王位に就いたのは、なんと八十一歳……。しかし、彼は一九七五年からその地位に就いていた国家警備隊の司令官に加えて、一九八二年に第五代ファハド国王が王位に就いて以来、皇太子兼副首相としてサウジ政府の中核を担い、一九九五年にファハド国王が脳卒中で倒れてからは、事実上の摂政の地位に居た。アブドゥッラー国王は、王位に就いてからも合計三十七年間も維持し続けていた国家警備隊司令官の地位を二〇一〇年になって、やっと息子のムタイブ・ビン＝アブドゥッラー殿下に譲った。

スンニ派の中でも最も厳格であるというサラフィー主義を奉じていたアブドッラー国王は、世界中の貧しいイスラム教国のマドラサ（イスラム神学校）を支援し、それらの中から、ムハンマド・オマル師率いるアフガニスタンのイスラム原理主義グループの「タリバーン」が現れた。タリバーンとは、マドラサで学ぶ「学生」と意味するアラビア語の「ターリブ」のパシュトゥーン語の複数形

「タリバーン(学生たち)」である。一九七八年、アフガニスタンで親ソ連の人民民主党政権が樹立されると、これを拒否する「ムジャヒディーン」たちが、これに反発して各地で蜂起した。「ムジャヒディーン」とは「イスラムの大義に則った聖戦に参加する兵士」という意味である。

この抵抗戦に手を焼いた親ソ政権による救援要請に応える形で、アラブ世界がイラン・イラク戦争の行方を注視し、西側世界がクリスマス休暇に入っているタイミングを見計らってソ連軍の戦車部隊がアフガニスタンに侵攻し、統治能力の無い指導者に替えてソ連の傀儡政権を建ててアフガニスタンを実効支配したが、このソ連のやり方に反発した西側各国は、翌年、社会主義陣営で初めて開催されることになっていたモスクワオリンピックをボイコットすることを決め、また、イスラム世界にとってもソ連は「共通の敵」となった。このソ連による十年間の「アフガニスタン支配」に対抗する形で登場してきたのがタリバーンであり、ソ連軍の将兵をゲリラ戦で殺害し、アフガニスタンの村々を「解放」していった「タリバーン」と呼ばれたムジャヒディーンたちを人々は当初は歓迎したが、タリバーンは、実効支配した村々で、現代人に対して中世のような生活様式を強要する厳格なイスラム原理主義的政策を強要したので、だんだんと人心が離反していったのは言うまでもない。

ただし、イランに対抗したイラクのフセイン政権をアメリカが軍事的に支援したのと同様に、ソ連に対抗するため、アフガニスタンのタリバーン勢力に対してもアメリカは当初、軍事支援を行った。その結果が、その後、どういう事態を惹起せしめたかは言うまでも無い。自らの将兵の血を流さずに外国勢力同士を戦わせたら、最終的には必ずしっぺ返しが帰ってくるのである。サウジアラビアの大富豪の息子であるオサマ・ビン＝ラディン氏は、隣国パキスタンを中心に世界各地から三万五千人のムジャヒディーンをアフガニスタンに引き入れた。こうして、ソ連によるアフガニスタン支配は一九八八年に終焉を告げたが、ソビエト連邦を構成する十五の共和国の内、アフガニスタンに国境を接するタジキスタン、トルクメニスタン、ウズベキスタンの三カ国はイスラム教徒が国民の大半を占めていたため、ソ連軍の引き揚げの際に、多数のムジャヒディーンたちがソ連領内に入り、上記三カ国に加えて、隣接するトルキスタン、カザフスタン、キルギス、アゼルバイジャン共和国などでも、長年ロシア人に支配されていた人々のイスラム回帰心情が助長され、ソ連崩壊の一因となった。

アメリカやソ連同様に、サウジアラビアもしっぺ返しを受けた。アフガニスタンで実戦経験を得たビン＝ラディン氏は、「アルカイーダ」を結成して、スンニ派のイスラム原理主義革命の世界輸出を構想し、中東各地域のみならず、欧米や東南アジア地域にもアフガニスタンで軍事訓練を受けたテロリストを派遣し、世界各地でテロ活動を行ったが、その中で、全世界に最も大きなインパクトを与えたのが、二〇〇一年九月十一日の米国中枢同時多発テロ事件であることは言うまでもない。その後、アメリカは、アルカイーダを叩くためにアフガニスタンへ地上部隊を派遣し、また、イラン・イラク戦争終結後、アメリカに牙を剥いてきたフセイン政権を倒すためにイラクへも地上部隊を長期派遣するはめになった。

サウジのアブドゥッラー国王も、イスラム原理主義の信仰実践を導くマドラサを財政支援したばかりに、結果的には、タリバーンやアルカイーダの活動を助長することになったが、イスラムの教義を徹底的に追求してゆけば、全ムスリムへのアッラーからの賜り物である富を一部の家系が独占している王制そのものが否定されるべきであり、かつ、たとえシーア派のイランからの攻撃に対抗するためとはいえ、異教徒であるアメリカの軍隊を「イスラム教徒の聖地」であるサウジアラビアに駐屯させていることは、イスラムの教義やアラブの大義に対する「裏切り行為」であり、「サウジ王制打倒」という大義名分をイスラム原理主義者たちに与えることになった。

このような「難しい時代」の舵取りをしたアブドゥッラー国王の後を受けて、二〇一五年に八十歳で第七代国王の座に就いたのは、初代アブドゥルアジーズ国王の二十五男のサルマーン・ビン=アブドゥルアジーズであった。第五代国王であったファハド国王同様「スデイリー・セブン」の一人である。兄弟相続によってなされる独裁国家サウジアラビアの王位継承権は、初代国王の息子であり、長生きさえすれば、副皇太子兼第二副首相→皇太子兼第一副首相→国王兼首相と昇格することになっている。それらに加えて、国防省や外相や内相という重要閣僚のポストが兼任されることもある。サルマーン国王が王位に就いた時点では、王位継承権の序列に従って、異母弟（初代国王の三十五男）のムクリン・ビン＝アブドゥルアジーズが「次の国王」である皇太子兼第一副首相の地位に就き、「次の次の国王」である副皇太子兼第二副首相には、同母兄（スデイリー・セブン）で皇太子の地位のまま三年前に死去したナーイフ・ビン＝アブドゥルアジーズ（初代国王の二十三男）の次男であるムハンマド・ビン＝ナーイフが内務大臣兼政治・安全保障評議会議長という重要閣僚のまま就いた。

この時、ムハンマドはまだ五十六歳……。サウジアラビア王制史上初の「第三（初代国王の孫）世代」王位継承予定者となった。ムハンマド副皇太子は、若い頃、アメリカ留学の経験があるだけでなく、二十代後半から三十代前半にかけて三年間ＦＢＩで警備講座を学び、その後三年間ロンドン警視庁の対テロ部隊で訓練を受けた。帰国後は、当時内務大臣を務めていた父親の下で対テロ政策・反乱鎮圧計画の責任者を務めたが、二〇〇九年、「アラビア半島のアルカイーダ」による自爆テロによってサウジ王室最初の負傷者となった。皇太子であった父の死後、内務大臣に就任し、その後も順調に出世を重ね、二〇一五年に内務大臣のまま副皇太子の地位に就いた。その三カ月後、サルマーン国王の勅令によってムクリン皇太子兼副首相が解任され、ムハンマドは「次の国王」である皇太子兼副首相に昇進し、副皇太子兼第二副首相の地位にはサルマーン国王の息子で一九八五年生まれのムハンマド・ビン＝サルマーン国防大臣が三十歳の若さで就任した。

「好事魔多し」という言葉があるが、西側世界での生活経験もあり、サウジアラビアの近代化に努め、また、テロ対策等についても見識のある脂の乗り切った世代であるムハンマド・ビン＝ナーイフ皇太子兼副首相は、二年半後の二〇一七年六月にサルマーン国王から突然解任され、その地位には、サルマーン国王の息子である三十二歳の「若造」ムハンマド・ビン＝サルマーンが就いた。ムハンマドは、認知症の傾向がある父王に代わって、現在（二〇一九年）のサウジアラビアの政権を取り仕切っているが、ムハンマドは、二〇一五年に副皇太子の地位に就くなり、従来のサウジアラビアの親米政策一辺倒ではなく、中国やロシアにも近づき武器を購入したり、隣国イエメンの内戦に介入した。また、二〇一六年にはサウジ国内のシーア派指導者ニムル師を処刑してイランと不要な摩擦をもたらせた。さらに、二〇一七年に皇太子の地位に就くと、反汚職委員会を立ち上げて、前国王の息子ムトイブ・ビン＝アブドゥッラー国家警備大臣や初代国王の十八男タラール・ビン＝アブドゥルアジーズ殿下の息子でアラブ世界一の実業家であるアル＝ワリード・ビン＝タラール殿下をはじめ十一人の王族を逮捕した。この時、首都リヤドにある高級ホテルのリッツ・カールトンが突然、サウジ当局によって摂取され、王族や閣僚、富豪などを収容する豪華な「臨時監獄」になったことは記憶に新しい。

ムハンマド皇太子は、ムトイブ殿下を追い落とすことによって、国防省、国家警備隊、内務省というサウジアラビアの安全保障関係の三つの主要組織のすべてを掌握したことになるが、長年、「サウド家の知恵」として、一族の中で分散してきた権力を一極集中化させることの弊害は大きい。

そして、二〇一八年十月にトルコのイスタンブールにあるサウジアラビア総領事館を舞台に起こったサウジアラビア人ジャーナリストのジャマール・カショギ氏の謀殺事件が起きた。ムハンマド皇太子の政策に批判的であったといわれるカショギ氏の祖父は、サウジアラビア王国を建国したアブドゥルアジーズ・アル・サウード国王の主治医を務めた人物であり、おじのムハンマド・カショギ氏は、ロナルド・レーガン政権を揺るがした「イラン・コントラ事件」や田中角栄を失脚させた「ロッキード事件」などで暗躍した有名な武器商人であり、従兄弟には、ダイアナ元英国皇太子妃と交際中に自動車事故で死亡した実業家のドディ・アルファイド氏が居る。カショギ氏自身もジャーナリストして、若い頃から何度もオサマ・ビン＝ラディィン氏にインタビューをしており、また、一九八〇年代のソ連侵攻下のアフガニスタンでも、サウジやアメリカの情報員としても活動しており、当然のことながら、サウジ王室の暗部についても独自の情報を有していたと思われる。

それにしても、公然と自国民の殺害命令を発していたことがバレた以上、ムハンマド皇太子がそのますんなり第八代サウジアラビア国王の位に就けるとは思えないし、もし、王位に就いたら、それこそ王族の誰かが彼を排除する方向に動くであろう。二〇一九年九月現在、初代アブドゥルアジーズ国王の息子で現存するのは、十男で九十六歳のバンダル殿下を筆頭に、いずれも高齢な八十八歳のトムイブ殿下、タラール殿下（継承権を放棄）、八十歳のアブドゥルイラーフ殿下、七十九歳のマムドゥーフ殿下、七十七歳のマシュフール殿下とアフマド殿下（スデイリー・セブンの一人）、七十四歳のムクリン殿下（元皇太子兼副首相）の八人だけであり、八十三歳のサルマーン国王よりも年少者に限れば、五人しかいない。

すなわち、初代アブドゥルアジーズ国王が定めた「王位を息子たちで兄弟相続する」というシステムを継続することは、長くもってもあと十年で限界が来る。そうすると、否が応でも「第三世代（初代国王の孫世代）」に王位が継承されなければならないのであるが、初代国王の血を継ぐ者は、男子だけに限っても千名以上いる……。そして、「人の子の親」としては、やはり一度でも王位に就いた者からすれば、第六代のサルマーン国王がそうしたように、「自分の息子を王位に就けたい」と思うであろうから、サウジ王室内での継承紛争が勃発するであろう。いったん、第二世代の誰かからの「父子継承」を許してしまえば、以後のサウジアラビア王位は、その家系が独占するであろうから、他の第二世代の兄弟たち——事実上の争いは第三世代の従兄弟間競争に移っているが——が妨害するに決まっている。

このように、アラブ世界で最も安定しているように見えたサウジアラビアが、王位の継承を巡るサウジ王室の内部抗争と、権力の独占と富の偏在を批判する「アルカイーダ」や「イスラム国」などのイスラム原理主義者たちからの批判の標的にされることによって、さらには、二〇〇八年のリーマンショック以降の世界経済の後退で原油価格が下落したことによるサウジアラビアの財政が悪化したことによって、長年、サウジ国民が享受してきた所得税の非課税制度や医療費・教育費の無償制度が廃止されるに及んで、サウジアラビア国民からの不満も噴出して、場合によっては、サウジアラビア王国が十年以内に崩壊し、ペルシャ湾岸地域が無秩序化する可能性も出てきた。

破綻国家シリア

いよいよ「国家とは何か」を探求する本書の長い旅も、最終コーナーが見えてきた。本章では、最初に北アフリカの「アラブ諸国」の共和制独裁政権を一挙に崩壊させた二〇一一年の「アラブの春(ジャスミン革命)」の嵐が、ペルシャ湾岸の君主制独裁諸国家では違う形で現れ、その民衆エネルギーは不完全燃焼のまま蓄積されていったということについて詳しく述べた。さらには、もう少し時代を遡って、ソ連のアフガニスタン侵攻に対抗する形で登場したムジャヒディーン戦士たちや、シーア派原理主義国家イラン・イスラム共和国に対抗するため、サウジ王家がスポンサーとなったイスラム諸国の「マドラサ(神学校)」でタリバーンやアルカイーダが養成され、さらには、ソ連憎し、イラン憎しのアメリカが場当たり的な軍事支援した結果が、ブーメランとなってアメリカやサウジアラビアに跳ね返ってきた事実についても説明した。そこで、本節では、「アラブの春」の文脈ではこれまで一度も触れなかったシリアについて考察したい。

「シリア」と聞いたとき、われわれは、現代のシリア・アラブ共和国のことだけを想起するだけでは不十分である。歴史的な「シリア」は、現在のレバノンやパレスチナまで含むもう少し大きな地域(レヴァント)で、西のギリシャ、ローマ、南のエジプト、東のオリエント諸帝国との間に挟まれたアジア・アフリカ・ヨーロッパの三大文化圏が複雑に交叉する地域のことであり、首都のダマスカスは、約一万年前から人が定住していた遺跡が発掘されており、「人間が連続的に定住した世界で最も古い都市」として知られている。アケメネス朝ペルシャ帝国、アレクサンドロス大王の三遺臣によって建国されたセレウコス朝、ローマ帝国のシリア属州、ウマイヤ朝イスラム帝国、セルジューク朝トルコ帝国、中世西欧の「飛び地」である十字軍国家、サラディン帝国として知られるアイユーブ朝、モンゴル系のイル・ハン国、エジプトのマムルーク朝、トルコ系のオスマン帝国、ハーシム家のシリア王国、フランス委任統治、シリア共和国、アラブ連合、シリア・アラブ共和国とその時代々々によって「支配者」の名前は代わってきたが、いずれもがダマスカスに首都もしくは拠点都市を置いた。

その複雑な歴史故に、現在のシリア・アラブ共和国も、国民の約九〇パーセントをアラブ人、八パーセントをクルド人が占めるにもかかわらず、全アラブ人の三分の二に当たる国民の六〇パーセントしかスンニ派が居らず、シーア派の一派であるアラウィー派のアラブ人が一三パーセント、キリスト教徒のアラブ人が一二パーセント、シーア派系のドゥルーズ派三パーセント、イスマイール派二パーセント、十二イマーム派一パーセントのアラブ人が居る。しかも、民族的には少数民族(八パーセント)に当たるクルド人は、宗教的には多数派のスンニ派に属する。他にも、「イスラム国」によって虐殺されて有名になったクルドの山岳民族が奉じてきた太陽信仰の「ヤズィーディー教徒」なども居る。また、一二パーセントとアラブ人の間としては抜群に高い比率を有するキリスト教徒も、非カルケドン派のシリア正教会、東方正教会のアンティオキア総主教庁、東方典礼カトリック系のマロン典礼カトリック教会など、この国の歴史を背景にして、複雑な構成になっている。因みに、親子二代で約半世紀の長きにわたって独裁者の地位にいるハーフィズ・アル＝アサドとバッシャール・アル＝アサド大統領の宗教は、シリア国民のわずか一三パーセントしかいないアラウィー派である。

独裁者であった父ハーフィズ・アル＝アサドの次男バッシャール・アル＝アサドは、もともと政治には関心がなく、英語もフランス語も堪能で、眼科医としてロンドンの病院で研修していたが、後継者と目されていた兄のバースィル・アル＝アサド少佐が交通事故死したことによって帰国し、軍務に就いた後は、父ハーフィズの右腕として順調に出世し、二〇〇〇年六月に父が死去した翌日に、陸軍大将に昇進、最高司令官に任命され、十日後にはバアス党書記長に就任。その一カ月後に三十四歳の若さで、シリア・アラブ共和国第五代大統領に就いた。そのような背景もあって、バッシャールは「上からの改革」を次々と実施していった。特に、シリアの歴史的背景からもたらされた宗教的多様性は、他の中東諸国と比べて遥かに近代世俗主義的な様相を呈しており、親子二代続いたアサド政権はその微妙なバランスの上で安定していた。

このような複雑な「モザイク国家」であるシリアに、二〇一一年早々、北アフリカの長期独裁政権を次々と打倒した「アラブの春」の火の粉が飛び火した。ご多分に漏れず、シリア国民たちは、アサド親子による長期独裁政権の打倒を呼びかけたデモに参加したが、北アフリカのチュニジアやリビアやエジプトの長期独裁政権とシリアのそれが異なる最大の要因は、シリア以外の国々では「独裁者対民衆」とか「多数派対少数派」といったような単純な二項対立の様相であったが、シリアでは民族的には「アラブ人対クルド人」、宗教的には、イスラム教徒の中でも単なる「スンニ派対シーア派」という構図だけでなく、アラウィー派、ドゥルーズ派、イスマイール派、十二イマーム派などが相当数居り、キリスト教徒の中でも非カルケドン派のシリア正教会、東方正

シリア内戦で拉致されたアンティオキア総主教庁のアレッポ大主教ボウロス・ヤジギ師とシリア正教会のアレッポ大主教ヨハンナ・イブラヒム師の生還を地域の宗教指導者とともに訴える筆者

教会のアンティオキア総主教庁、東方典礼カトリックのマロン典礼カトリック教会などが割拠している。その上、山岳民族が奉じてきた太陽信仰の「ヤズィーディー教徒」まで居る。

シリア内戦は、当初は、第二の都市アレッポを中心にアサド政権の国軍と反政権派の民兵の戦闘から始まったが、北部の山岳地域では、スンニ派の厳格な適用を要求する「サラフィー・ジハード主義」のヌスラ戦線（アルカイーダのシリア版）と「クルド民主統一党」などのクルド人勢力との間で戦闘が激化し、その混乱に乗じて、「ＩＳＩＳ（イラクとシリアのイスラム国）」勢力が急激に台頭してきた。その間、政府軍のよるトルコ空軍機撃墜事件や日本人ジャーナリスト殺害事件など次々と「事件」が起こったが、中でも国際社会の関心と介入を招いたのが、二〇一三年八月のシリア政府軍によるサリンなどの化学兵器使用事件であった。「一線を越えたら懲罰的な軍事介入をする」と主張してきた米国のオバマ政権であったが、ロシアや中国の反対によって、結果的にはＮＡＴＯの軍事介入に踏み切ることができず、この地域における「やった者勝ち」の印象を深め、ロシアやイランや湾岸諸国などが、シリア国内の各勢力を背後から支援して、シリア情勢はさながらバトルロワイヤルの様相を呈してきた。

このような出口なき内戦を避けて、トルコへ三二〇万人、レバノンへ一〇〇万人、ヨルダンに六五万人、イラクへ二五万人など、周辺諸国へ五〇〇万人以上が「難民」としてシリアを脱出し、さらに、トルコを経由して「豊かで平和な」ヨーロッパへ大量の難民が流入──ドイツだけでも一一〇万人――し、それまでは、近代国民国家の成立以後はじめて「国境」を事実上廃して、ヒト・モノ・カネの自由な往来を実現（シェンゲン協定）させたEU（欧州連合）の諸国の人々に、「国境管理の厳格化」を再認識させ、欧州域内各国の選挙において、欧州では「時代遅れのもの」と思われていた民族主義《ナショナリズム》を声高に唱える右派政党が各国で議席を伸ばし、中には政権を奪取する国まで現れ、また、ドイツ・フランスと並んで、EUの中心国家のひとつであった英国が、国民投票によって「EUからの離脱を決定する（ブリグジット）」という事態にまで陥った。つまり、シリアの内戦が「欧州の理想」を打ち砕いたのである。

そのような混乱の中、二〇一四年六月三十日、ISISの最高指導者アブー・バクル・アル＝バグダーディーが、オスマン帝国の崩壊以来イスラム世界から絶えて久しかった「カリフ」への即位を宣言（僭称）し、組織の名称をISISから「イスラム国（IS）」へと変更した。新たな強敵「イスラム国」の出現によって、「敵の敵は味方」の論理によって、一時的であるにせよ、激しく対立していたアサド政権側と反政府勢力が手を結んだり、米・仏を始めとする西側の多国籍軍と、これに対立したロシア・イランが共同してシリア領内のイスラム国の軍事拠点を空爆するなど、まさに各国のエゴが衝突する舞台となった。いよいよ、本書のタイトルにもなった「イスラム国」について記すべき時が来た。

「イスラム国」は「国家」である

日本の政府やマスコミは、「イスラム国」を単なるテロリスト集団と決めつけ、「国家」主体とは認めず、記者会見やニュース報道などで彼らについて触れるときには、「イスラミックステート」あるいはその略称である「ＩＳ」と称しているが、いくら英語に置き換えて誤魔化してみても、その意味は「イスラムの国家」なので、私は「イスラム国」と呼ぶべきだと思っている。人によっては、「二〇一九年の春の時点で、国際協力によって、ＩＳはすでにほとんどの実効支配地域を失ったではないか」という人も居る。しかし、本書の第一章の冒頭で述べたように、私は、実際に「領土」を実効支配していることだけが「国家」にとっての必須の要件とは思っていない。ドイツ占領下のフランスでフィリップ・ペタン元帥率いるナチスの傀儡「ヴィシー政権」と、英国の亡命中のシャルル・ド・ゴール将軍麾下の「自由フランス」のどちらを「真のフランス」と見るかは、その人の政治的なビジョンに依る。

同様に、中国共産党支配下の「チベット自治区」政府ではなく、ダライ・ラマ十四世の下、北部インドのダラムサラにある「チベット亡命政権」を真のチベット人の政権であると思っている人は世界中に大勢居る。「国家」にとって重要なのは、むしろ「統治しようという意志」である。たとえ、実効支配した地域の人民から「税金」という名目で金品をまき上げたり、「兵役」という名で人民を徴用したとしても、それが単なる「収奪」であれば、その集団を「国家」とは呼べない。誰だって、銃を突きつけられたら、金品を差し出すであろう。でも、それは強盗と同じであくまで「収奪」である。

その意味では、一般には同じようなイスラム教原理主義集団のように捉えられているアルカイーダの場合は、都市インフラを破壊し、人民から収奪するだけであるが、なんとイスラム国の場合は、大規模な破壊も殺戮も行ったが、その一方で、支配下の領域の人民から、徴税するだけでなく、地域の道路を舗装し、街に電力を供給するなどのインフラ整備を行い、各州に知事を派遣し、各省庁を立ち上げ、サッダム・フセインが築き上げたバアス党の残存官僚を用いて会計報告書まで作成させている。これらの行為は、まさに「国家として統治する意志」の表明以外の何者でもなく、非人道的な残虐行為の有無は、残念ながら国家としての必須要件とは何の関係もないことは、七十数年前のナチスを見ても、また、現在進行形の北朝鮮や中国の自国民に対する蛮行を見ても明らかである。

そこで、われわれが「国家」というものの本質を考える上で、どこの馬の骨かも判らない流浪の民によるいかにも胡散臭い、そして徒花《あだばな》感満点の「イスラム国」と、悠久の昔からこの列島に代々住み続け、万世一系の天皇を戴く「日本国」とを同じ次元で論じること自体、問題であると思われる向きもあるかと思われるが、そうであるからこそ「見えてくる」国家にとっての本質（条件）というものがあると思われる。日本の国体と歴史については、私があらためて説くまでもないから、ここではもう少し詳しく「イスラム国」の経緯について説明する。イスラム国の経緯といっても、わずかここ数年のことでしかないのに、世界は日々ダイナミックに動いているので、読者諸氏の記憶も曖昧なものになっていると思われるからである。

一九九〇年代の湾岸戦争や二〇〇〇年代のイラク戦争の結果、イスラム教徒にとっての二大聖地であるメッカとメディナを擁するサウジアラビアに「異教徒」であるところのアメリカ軍が常駐するようになったことは、スンニ派の厳格な適用を要求するサラフィー・ジハード主義者たちにとっては、「二大聖地の守護者」を僭称して原油資源という富と権力を独占してきたサウド家ならびにサウジアラビア国家に対する批判にある種の正当性を与える原因となった。それらの中から、サウジアラビア出身のオサマ・ビン＝ラディンが出てアルカイーダを組織し、二〇〇一年秋の「九・一一」米国中枢同時多発テロ事件をはじめ各地でテロ事件を起こしたが、それから十年後の二〇一一年五月二日、パキスタン国内の潜伏先において米海軍特殊部隊シールズの襲撃を受けて、「カリスマ的指導者」のビン＝ラディンが殺害されてからは、思ったほど「神格化」されずに、世界中のサラフィー・ジハード主義テロリストたちからは、「新たな求心力」の源が渇望されることになった。

その間隙を突いて彗星のごとく登場してきたのが、後に「カリフ」を僭称するアブー・バクル・アル＝バグダーディーであった。バグダーディー（本名はイブラヒーム・アッワード・イブラヒーム・

アリー・アル・バドリー・アル・サマッライ）は、その名のとおり、一九七一年にチグリス川の畔にあるサーマッラーで生まれた。サーマッラーという町は、アッバース朝の最盛期に君臨した第五代カリフであるハールーン・アッ＝ラシード――『アラビアンナイト（千夜一夜物語）』に登場する帝王のモデルとされる――の八男で後に第八代カリフに即位したムウタスィムがバグダッドから遷都し、五十年間にわたってイスラム帝国（アッバース朝）の帝都として栄えた町であり、古代の「バベルの塔」を想起させる高さ五十四メートルの「螺旋ミナレット」で有名である。バグダッドのイスラム大学で教育学の博士号まで取得したイブラヒームは、二〇〇四年二月、イラク戦争後の米軍による占領下において、アメリカに対する抵抗運動に関与した容疑でキャンプ・ブッカに拘束されたが、他の多くのテロリストたちがそうであったように、その収容所内で過激思想に触れることになった。

釈放後、二〇〇六年にイラクのサラフィー・ジハード主義団体である「ムジャヒディーン諮問評議会」のメンバーに加わり、「イラクのイスラム国（ISI）」の「アミール（指導者）」であるアブー・ウマル・アル＝バグダーディーの下で、アルカイーダの最高指導者ウサマ・ビン＝ラーディンとの間の連絡役を務めていたと言われる。二〇一〇年四月、サッダム・フセインの本拠地であったティクリートでのアメリカ軍とイラク軍（マーリキ政権）の合同軍による戦闘で、バグダーディーがその息子と共に殺害されると、五月には、イブラヒームは、北朝鮮の建国者であるキム・イルソン（金日成）が、抗日パルチザン運動で伝説化していた「キム・イルソン（金一星）」将軍の名前をパクったように、ＩＳＩのカリスマ的指導者のアブー・ウマル・アル＝バグダーディーの名前を拝借して、「アブー・バクル・アル＝バグダーディー」と名乗った。後半の「アル＝バグダーディー」は「バグダッド出身の男」という意味で、前半の「アブー・バクル」は預言者ムハンマドの友人にして、ムハンマドの家族を除く最初のイスラム教入信者であり、ムハンマドの死後、「継承者」として初代「カリフ（預言者の代理人）」に選ばれたと同じ名前である。キリスト教で例えれば、イエスの弟子の筆頭で初代のローマ教皇となった聖ペテロの名を冠して、「ペテロ・ロマーノ」と名乗るようなものである。

二〇一一年五月、ビン＝ラーディンが米海軍の特殊部隊によって潜伏先のパキスタンで殺害されると、全世界のジハード主義者たちに欧米に対する報復テロを呼びかけた。二〇一三年四月には、「アラブの春」の影響で内戦状態にあったシリアの反体制過激派組織である「ヌスラ戦線」との合併を宣言し、新たに「イラクとシリアのイスラム国（ＩＳＩＳ）」を立ち上げた。五月には、ビン＝ラーディンの死後、アルカイーダの副官から最高指導者に昇格した元医師でエジプト出身のアイマン・ザワーヒリーによる「ＩＳＩＳ解散命令」が出たが、イラク出身のバグダーディーはこれを無視、シリアへの関与を深め、シリア各地で残虐行為を働いたので、翌二〇一四年二月には、「アルカイーダはＩＳＩＳとは無関係である」との絶縁宣言まで出される羽目になった。そんな中、同年六月二十九日、バグダーディーは、シリア北部のユーフラテス川岸の町ラッカを首都とする「イスラム国」の建国と、自らの「カリフ」への即位を宣言した。

どこの馬の骨かも判らないテロリスト上がりの男バグダーディーではあったが、「アブー・バクル」という預言者ムハンマドから最も信頼された初代カリフの名前を僭称した。第一次世界大戦に敗れたオスマン帝国は、一九二二年、ムスタファ・ケマル(アタチュルク)による「トルコ革命」によって、オスマン帝国最後の「スルタン」であるメフメト六世が廃位されたが、皇帝が有する宗教上の権威である「カリフ」の称号は、トルコ大国民議会によって、皇太子であった従弟のアブデュルメジト二世に継承されたが、その翌年に、トルコはムスタファ・ケマルを大統領として共和制に移行し、イスラム圏では珍しい「政教分離」を採用したため、一九二四年にカリフ制度が廃止された。

その後、九十年間の長きにわたって、全イスラム世界を統べるカリフと呼ばれる指導者は存在せず、中東地域には、サウジアラビアをはじめとする君主制の国々が多数勃興したが、たとえイスラム法シャリーアを世俗法としても採用していたとはいっても、それらはすべて、西洋式の「国民国家」と呼ばれる形式の国家群であり、豊かな石油資源を「アッラーからの恩寵」として、全世界のイスラム教徒に分け与えるというよりかは、それぞれの「王家の私有財産」として国境線を敷いて「領土」の囲い込みをしてきたことを批判してきたサラフィー・ジハード主義者たちだけでなく、資源の乏しい南アジアや北アフリカ地域のイスラム教徒たち、さらには、移民として豊かな欧米地域に移り住んだ人々やその子孫たちが感じていた鬱屈感に対して、近代国民国家を否定した「イスラム国」という国号と「カリフ」という元首の敬称がもたらせた期待感は、非イスラム世界に暮らすわれわれ日本人にはとても想像することのできない高揚感を与えたに違いない。

そのことは、これまで「アルカイーダ系」を自称してきた各地の過激派勢力が雪崩を打って、自ら「イスラム国への忠誠」を宣言したことからも明らかである。また、それまで、「移民の子」として欧米世界において社会的底辺での逼塞《ひっそく》を余儀なくされていたムスリムの若者たちが、欧米各地で次々と「ホームグロウン」テロ事件を起こし、勝手連的に「イスラム国への忠誠」を口にしたものであるから、五百年間続いてきた白人・キリスト教支配社会に対する不満を持っている世界中のイスラム教徒に大きな希望をもたらしたことは明白である。

意外なことに、「イスラム国」に最も敵意を表したのは、欧米諸国ではなく、中東のイスラム圏の君主制諸国であり、彼らは「イスラム国」のアラビア語表記の頭文字を取って、発音の近い「ダーイシュ」（裏切り者）と呼んでいる。好むと好まざるとに関わらず、現代における「国家」とは、西洋近代によって確立された「国民国家」のことであり、豊富な石油資源を独占することによって、その国民国家の旨い汁を享受している湾岸の専制君主諸国家の支配者たちにとっては、イスラエルによって抑圧されているパレスチナ人を支援するというような「アラブの大義」など、もはや「どうでもよい」ことに成り下がっているのは明らかであり、それよりも、サッダム・フセインやカダフィ大佐のように、アメリカから睨まれて歴史の表舞台から退場させられることのほうがよほど避けたい未来となった。

湾岸の専制君主諸国家の支配者たちは既得権益の維持に腐心して「アラブの春」を押さえ込み、アメリカを敵に回して戦ったアルカイーダは当初の「華々しい成果（九・一一）」のせいで徹底的に壊滅させられ、自由で豊かな欧米を目指した者はその地で迫害され、全世界のイスラム教徒が共通して感じ取ったそのような閉塞感の中で、「アブー・バクル・アル＝バグダーディー」と僭称した男が、近代国民国家を否定した「イスラム国」という国号と、イスラム世界に絶えて久しかった「カリフ」という元首の敬称がもたらせた萌芽については、たとえ欧米「キリスト教国」の軍事力とアラブ独裁国家の支配者たちによって力尽くでねじ伏せられたとしても、また世界のどこかのイスラム教徒が多数派を占める地域において、第二・第三の「カリフ」が現れるに違いない。それほど、「イスラム国」の出現は、過去二百年にわたって世界を支配し続けてきた「近代国民国家」的世界秩序に最大級の異議申し立てを試みたのである。

ニッポン国はどうなってしまうのか？

現在、世界で起こっていることと、ユーラシア大陸の東岸に浮かぶ「島国」の日本に棲む人々が、悠久の歴史の中でその時々に応じて統治機構は変化してきたにもかかわらず万世一系の天皇を奉じてきたことと、どう折り合いを付けていくのか？　少なくとも千五百年間は続いてきたこの国の基本原理が令和の御世にも維持されるかどうかというと、そんなに簡単に「イエス」とは言いきれない事態が現下の日本を取り巻いている。それを端的に表しているのが「入国管理法」の改悪である。今回の法改正(悪)では、従来は、大学教授や医師やプロスポーツ選手といった高度に専門化された技能を有する者にしか与えなかった日本国内での外国人の就労機会を、好景気の中で人手不足に悩む産業界の要請を受けて、介護・ビル掃除・素形材産業・産業機械製造・電気電子機器関連産業・建設・造船船用工業・自動車整備・航空・宿泊・農業・漁業・飲食料品製造・外食等、ほぼすべての産業の、たいした専門技術の要らない分野にまで五年間の期限付き(一部は延長可)で外国人に就労ビザを与えることになったのである。このことは、事実上の「移民解禁」政策への大転換であると言えよう。

それまでは、同時通訳者やソフトウェア開発等の高度に専門化された技術者のみにしか許されなかった派遣労働が「小泉改革」によってほぼすべての業種に拡大された結果、日本企業における終身雇用制が崩れ、多数の非正規社員が生み出され、かつて「一億総中流社会」と言われた日本社会において貧富の格差が急速に拡大して凶悪犯罪が増え、同時に進行したデフレ社会の中で、勤労者の所得が年々減少し続けるという「失われた二十年」と呼ばれる長いトンネルを日本社会は経験したが、今般の「移民解禁」政策は、ほぼすべての産業分野において、人件費の安い東南アジアや中国からの外国人労働者が大量に日本に流れ込むことになり、確実に、それでなくても苦しい日本人の単純労働者の賃金水準を引き下げるどころか、雇用機会そのものを奪うことになるであろう。トランプ政権誕生前夜のアメリカ社会と似てきた。

しかも、現在は「(大多数の国民はそんな実感はないが、経済指標上のマジックによって)戦後最長の景気拡大局面」があるものの、経済は生きものであるので、米中間の貿易戦争の影響等によっていつまたリーマンショックのような世界的経済危機が発生するかもしれないし、南海トラフ巨大地震や首都直下型大地震だって迫っていると言われている。そんな日本で、景気に急ブレーキがかかった場合、当然、外国人労働者は真っ先に解雇されるであろうが、その人たちがおいそれと出身国へ戻ってくれるとは思えないことは、EUの現状を見れば明らかである。二〇一七年の十月末現在で、すでに一二八万人の外国人労働者が日本国内で働いている。もちろん、この数字は雇用事業者によって正式に届けられた数字であって、留学生のヤミ就労等を含めると、おそらく実際の数字はその倍の二五〇万人に達するであろう。イザナギとイザナミが「黄泉比良坂《よもつひらさか》」で冥界とこの世を分けて以来このかた、この国では一貫して人口が増加してきたが、二〇一一年以来、日本の人口は減少へと転じた。直近では、年間四十万人程度減少している。しかし、この四十万人という数字は、過去一年間に流入した十七万人の外国人を加えての「総人口」の減少数であるので、日本人の純減数は年間約五十万人に達し、例えて言えば、十年間でまるまる福岡県分の人口が消滅するようなものである。二十一世紀末には、日本の人口は現在の約半数の六〇〇〇万人になってしまうという試算もある。

このような状況下で、平成から令和への御世代わりが行われたのである。すでに全人口の二パーセントに達した「非日本人」は、令和の御世の終わる頃には、総人口の十数パーセントに達しているかもしれない。そのような社会において、日本社会がこれまで長年保持してきた「集合的無為意識」のようなものをそのまま保持できるかどうかは大いに疑問である。「万世一系の天皇を畏む」というのは、何ごとも世襲制をもって良しとする日本人の価値観によって支えられているからである。日本人の合計特殊出生率が一・四前後であるということは、一世代を経るごとに約三分の一の「家」が、継承者不足によって消滅するということを意味する。このことは、従来、世襲によって支えられてきた伝統芸能の家系であろうが、政治家の家系であろうが、宗教家の家系であろうが、「家」の存続が困難になるということを意味する。そのことが、日本の「家元制度」の総元締めたる皇室に悪影響を与えないはずはない。

四月末から五月初めの御世代わりから、十月から十一月にかけて厳修される「即位の礼」や「大嘗祭」が、悠久の歴史を有する天皇制や日本の国体について、日本人があらためて「国家のあり方」について考える機会を提供してくれるものと願っている。憲法改正というと、すぐに、やれ「第九条の第二項」云々だのといった、「木を見て森を見ず」的な個別具体的な条文の話ばかり繰り返されるが、この際、日本人の歴史認識を決定的に歪めている日本国憲法の「前文」をそっくり削除するくらいの改正でなければ、改正する意味がない。その意味でも、憲法改正に賛成の人も反対の人も、全ての日本人に私が本書で提起した問題について考えて欲しいものである。

あとがき

習近平《シージンピン》や金正恩《キムジョンウン》といった自国民を平気で虐殺している独裁者ははじめから論外としても、ドナルド・トランプ、ボリス・ジョンソン、レジェップ・エルドアン、ロドリゴ・ドゥテルテ、文在寅《ムンジェイン》、ジャイール・ボルソナーロら、超大国から新興国に至るまで、国民による「民主的な手続き」によって選ばれた「品格」の欠片もない人物たちが一国の指導者の任に就いているのが、残念ながら世界の現状である。彼らを前にすると、あのウラジーミル・プーチンでさえ「一廉《いっかど》の指導者」に見えてしまう……。

それは何故か？　先進国では、産業技術革新によってモノの生産力が自国民の消費力を上回ってしまい、少子高齢化社会と相まって慢性的な生産過剰となり、経済に長期のデフレ傾向をもたらせた。そういった経済に対して超低金利誘導というカンフル剤を打ち続けて——それどころか、経済学的には説明の付かない「マイナス金利」まで導入して——シャブ漬けのような状態になっても、かつてのような市場の活況を取り戻すことができなくなった結果、たとえ株式や債券の極小の価格差や金利差でも利益を得られるようにするため、人工知能を用いて一秒間に数千回も売買を繰り返すプログラム売買が主流となり、金融アナリストの現状分析やストラテジストの将来展望が無意味なものになってしまった。

同様の構造は政治の世界にも波及し、本来なら、政治指導者は、その国の置かれた地政学的前提に基づき、外交・安全保障・経済・福祉・文化その他もろもろの現状を分析して、自国の発展と国民の福祉の向上に最適と思われるメニューを提供し、そのことが結果として世界の平和と人類の発展に繋がって行くべきものであるのに、グローバルにネットワーク化した世界においては、政治指導者の現状分析能力も将来展望能力も陳腐なものにしてしまった。にもかかわらず、それらの政治的指導者を選出するための方法は、旧態依然たる選挙システムが維持されているため、政治家は「国民全体の利益」や「人類社会への貢献」というよりは、客観的に見ればどんなに合理性のない政策であったとしても、トランプの「アメリカファースト」しかり、ジョンソンの「ブリグジット」しかり、文在寅の「日韓基本条約反故」しかり、自分のコアな支持層を繋ぎ止めることだけを目標とした過激な意見を主張し、また、実際そういう候補のほうが当選しやすい選挙制度になっているのである。

一九九〇年代のユーゴスラビア連邦解体時を思い出してほしい。「(民族の壁を越えて社会主義連邦国家を築くという)共通の未来」を抱くことのできなくなった人々を惹き付けたのは、結局のところ、民族だの宗教だのといった旧態依然たるファクターであり、その結果引き起こされたのが

「民族浄化《エスニッククレンジング》」の悲劇である。中東におけるシリア、イラク、トルコに跨がる「クルド人」問題しかり、中華人民共和国における「ウイグル人」問題や「チベット人」問題しかり、二十一世紀とは思えないような悪辣な人権抑圧の現状が放置されているのである。

このような現代世界の状況を鑑みたときに、日本国憲法の前文の第二節と第三節、すなわち、「日本国民は、恒久の平和を念願し、人間相互の関係を支配する崇高な理想を深く自覚するのであつて、平和を愛する諸国民の公正と信義に信頼して、われらの安全と生存を保持しようと決意した。われらは、平和を維持し、専制と隷従、圧迫と偏狭を地上から永遠に除去しようと努めてゐる国際社会において、名誉ある地位を占めたいと思ふ。われらは、全世界の国民が、ひとしく恐怖と欠乏から免かれ、平和のうちに生存する権利を有することを確認する。

われらは、いづれの国家も、自国のことのみに専念して他国を無視してはならないのであつて、政治道徳の法則は、普遍的なものであり、この法則に従ふことは、自国の主権を維持し、他国と対等関係に立たうとする各国の責務であると信ずる。」が拠って立っているほとんど全ての前提がナンセンスであり、というか、日本国憲法が制定された一九四六年の段階から二〇一九年の今に至るまで、この日本国憲法が想定している国際状況が実現されたことなどただの一度もないことは明らかであり、この憲法を維持する限り、真にこの国が繁栄することなどあり得ない。

その意味で、私は憲法改正論者であるが、巷間言われているような「第九条に第三項を付け加える(自衛隊の存在を憲法的に根拠づける)」云々といった小手先の改憲を望むものではない。私が主張したいのは、戦後の日本外交を制限し、日本国民を自虐的に拘束してきた「前文」の全文削除である。そして、できれば全部で一〇三条ある条文も、整理して一〇二条にまとめてくれたら、陰陽全ての数字を和したという聖徳太子の『十七条憲法』と、それに天地人三つの要素を掛けたという全五十一箇条の『御成敗式目』の二倍となって、過去の日本人の智恵に対しても敬意を払った良い憲法になると思う。

私は、本書で再三「国家とは統治しようとする意志である」と述べてきた。幸い、この国は、その悠久の歴史を通じて、鎌倉時代の「元寇襲来」時と、二十世紀前半における「大日本帝国」の版図拡大時の二回を除けば、国土(land)と国民(nation)と国体(state)の三要素はいつもピタリと重なってきた。しかし、二十一世紀に入り、急激な人口減少が始まった日本社会において、労働者不足に陥った産業界からの要望に応える形で、事実上の「移民解禁」に舵を切ったこの国の政府が、これから直面するであろう「古き良き日本社会」の秩序の破壊に対して、いったい責任が取れるのかどうかということについて警鐘を鳴らしたい。

おそらく、新しく始まったばかりの令和の御世が終わる頃には、日本に暮らす人々の一五から二〇パーセントを「外国出身者」が占めることになるであろう。当然のことながら、彼らは日本国内に均等に散らばってくれる訳ではないので、地方自治体によっては「住民の半数以上が外国出身者」という自治体も出てくるであろう。それらの中には「危険すぎてとても日本人には住めたものではない……」と思うような都市も出てくるであろう。つまり、元寇襲来時の壱岐・対馬のように、事実上「占領」されてしまうような都市ができるかもしれない。そうすれば、三度「国土」・「国民」・「国体」の三要素の間にズレが生じることになる。しかし、現在の日本に北条時宗のような傑出したリーダーが現れるとは思えない。そんな時に、読者諸氏にはもう一度、「国家とは統治しようとする意思である」という言葉を思い起こしていただくことを期待して、本書の筆を置きたい。

令和元年 中秋

三宅 善信

三宅善信（みやけ・よしのぶ）

1958年大阪市生まれ。神道国際学会理事長、現代社会と宗教研究会代表、株式会社レルネット代表取締役、日本国際連合協会関西本部副本部長、金光教春日丘教会長。
同志社大学大学院神学研究科博士前期課程修了神学修士（組織神学専攻）。1984年～85年、ハーバード大学世界宗教研究所で研究員を務める。
主な著書は『文字化けした歴史を読み解く』（2006年、文園社）、『風邪見鶏：人類はいかに伝染病と向き合ってきたか』（2019年、集広舎）『現代の死と葬りを考える』（2014年、共著、ミネルヴァ書房）、『海と神道、譲位儀礼と大嘗祭、神々は海から来た』（2019年、編著、集広舎）など。

イスラム国《こく》とニッポン国《こく》 ～国家とは何か～

令和元年（2019年）10月22日　初版第1刷発行

著者……三宅善信
発行者……川端幸夫
発行……集広舎
〒812-0035 福岡市博多区中呉服町5番23号
電話 092-271-3767　FAX 092-272-2946
https://shukousha.com/
装幀・造本……月ヶ瀬悠次郎
印刷・製本……モリモト印刷株式会社

ISBN 978-4-904213-83-4 C0036